Heiner Uber

Länder des Lachens
Reisen zu heiteren Menschen

mit Fotos von
Papu Pramod Mondhe

Frederking & Thaler

Inhalt

Reisen zu heiteren Menschen   7

Die Verrückten von Bombay   19

Ein Verrückter in Kopenhagen   31

Der Tanz der lachenden Alten   45

Sachen übers Lachen   65

Das Fest der Göttin Niutsuhime   77

Klamauk in der Klinik   93

Die Schule der Heiterkeit   107

Titino und seine Nase   129

Mehr Sachen übers Lachen   145

Kharma Koma   163

Zitatnachweis   175

Reisen zu heiteren Menschen

Vom verbotenen Lachen und wieso es den größten Spass macht. Warum die Eskimos Es-kji-mo heißen und Rohfleischesser Gesänge zum Erlangen der Fröhlichkeit singen. Was einen Inder gar nicht groß erstaunt, aber dazu führt, dass ein anderer Inder Nachtclubs mit Lachclubs verwechselt.

»Der Schüler nimmt aufmerksam am Unterricht teil. Er lacht jedoch zu viel und zu laut und stört dadurch andere.« So oder so ähnlich stand es bereits in meinem ersten Schulzeugnis, eine Bemerkung, die mir eigentlich nicht weiter negativ erschien und die sich wohl auch deshalb in den folgenden Jahren in Varianten immer wiederfand. Sehr genau erinnere ich mich noch an diverse pädagogische Maßnahmen, etwa dass ich unter anderem einen Aufsatz mit dem Titel »Warum ich nicht immer lachen darf« schreiben musste. Und ich erinnere mich auch noch sehr genau an meine Mühe, dazu stichhaltige Argumente zu finden. Schließlich kam ich zu dem Schluss, dass jemand Mächtiger wie beispielsweise eine Lehrerin, einem das Lachen verbieten könne. Dem konnte sich nun Frau Herlitz, so hieß die Dame, nicht anschließen: »Lachen ja«, meinte sie, »aber nicht während des Unterrichts.« Dabei übersah sie in meinen Augen geradezu Essenzielles, weil doch vor allem »verbotenes« Lachen den größten Spass bereitet. Mehr noch: In Situationen, in denen man partout nicht lachen darf, ist der Reiz zum Lachen mitunter am mächtigsten, durch nichts zu bremsen, durch niemand zu bändigen. Die Sonntagsmesse, in die wir Kinder damals noch zu gehen hatten, ist dafür ein Paradebeispiel. Situationen, die draussen auf dem Kirchplatz keiner von uns lustig fand, entwickelten sich in der **»Lachverbotszone« Kirche** zu kapitalen Lachauslösern.

Da war der alte Mann, der während der Predigt einnickte, wobei ihm der Kopf nach vorne kippte, was zur Folge hatte, dass seine Brille von der Nasenwurzel zur Nasenspitze rutschte und dort nur noch von einer kleinen, aber hochgewölbten Warze am Herunterfallen gehindert wurde. Lustig und sehr zum Lachen waren auch ein paar Tauben, die sich ins Kirchenschiff verflogen hatten und, beim einsetzenden Crescendo der Orgel aufgescheucht, hoch oben durch die Kuppel flatterten, wobei das fatt fatt fatt ihres Flügelschlags so gar nicht in die Improvisationen des Organisten passen wollte. Unmittelbar nach diesem Taubenflug und dem Gottesdienst, aber noch vor dem Kirchenportal bekam ich von unserem Herrn Kaplan eine schallende Ohrfeige samt folgender Erklärung: »Es gibt nichts zu lachen, wenn unseres Herrn Jesu Leid am Kreuz gedacht wird.«

Was an einem der folgenden Sonntage fatale Folgen hatte. Denn natürlich waren die Tauben wieder da, und natürlich drehten sie wieder ihre Angstrunden in den Höhen des Kirchenschiffs. Wir Kinder hielten uns die Nasen zu, um durch den Mangel an Luft das aufsteigende Lachen zu ersticken. Eine köstlich komische Situation, die den Lachreiz erst recht steigerte. Gleich nach der Messe wurde ich also in die Sakristei bestellt, wo mir der Kaplan darlegte, welch schwere Verfehlung ich auf mich geladen hätte. Als Möglichkeit der Reinigung empfahl er mir die Beichte und die Niederschrift einer mindestens zehnseitigen Besinnung zum Thema über »Trauern in Anbetracht des Opfertodes Christi«. Da war also kein Entkommen und auch kein Lachen mehr. Oder fast kein Lachen. Denn völlig naiv fügte ich einen Gedanken in meine Besinnung, der auch in kirchlichen Kreisen, freilich auf viel höherem

Niveau, über Jahrhunderte hinweg immer wieder Anlass zu theologischen Diskursen gab: Warum in aller Welt soll man nicht lachen, wo doch eben jener Opfertod alle Welt vom Makel der Erbsünde erlöst hat. Wenn das kein Grund zum Feiern und keiner zum Lachen ist! Jedenfalls waren diese Reflexionen, niedergeschrieben von einem Acht- oder Zehnjährigen, meine ersten literarischen Versuche übers Lachen. Dass diesem kleinen Anfang viele **weitere Lachsachen** folgen sollten, stellte sich erst gut vierzig Jahre später heraus.

Längst war ich Journalist geworden. Meine Arbeit hatte mich unter anderem nach Kanada und dort ziemlich weit in den Norden hinauf an den Mackenzie River jenseits des Polarkreises geführt. Eisige Kälte regiert hier, durch dicke Daunenjacken schneidender Sturm, rasierklingenscharf gefrorene Schneekristalle, die der Wind auf die Backen hagelt. Die Menschen, die in dieser windigen Gegend leben, nennen sich »Inuit«, was in ihrer Spache »Mensch« bedeutet. Etwas südlicher wohnen die Algonkin-Indianer. Sie haben eine wesentlich präzisere Bezeichnung für ihre Nachbarn oben im Eis: *Es-kji-mo*, das heißt: »Die das Fleisch roh essen«. Die das Fleisch roh essen – eine Vorstellung, bei der einem eigentlich das Lachen vergehen sollte. Aber nicht bei den Inuit, nicht im Land des schneidenden Sturms und der rasierklingenscharfen Schneekristalle. Nicht in diesem Land des Lachens. Denn ein **Land des Lachens** ist es allemal. Doch davon erzählt folgende Geschichte:

Am zweiten Abend nach unserer Ankunft bei den »Rohfleischessern« wurde unser Team – drei Geologen, eine Biologin und ich, der Reporter – vom Rat des Inuit-Dorfes in die aus Holzbrettern zusammengezimmerte und von aussen mit Schnee zugeschüttete Versammlungshütte geladen. Das ist dort so Sitte, damit das ganze Dorf Gelegenheit hat, die Fremden zu begrüßen. Und so drängten sich ein paar Dutzend Menschen zwischen den mit Fellen verhängten und mit Wolle isolierten Bretterwänden und schauten uns skeptisch an.

Dann ergriffen die älteren Männer das Wort. Sie wollten dies und das wissen. Man habe gehört, dass es in dem Land, aus dem ich komme, Zoos gebe, in denen, nicht mal eine Viertelmeile voneinander entfernt, Tiere leben, die wie der Eisbär und der Elefant sonst in ganz kalten und ganz heißen Gegenden zu Hause sind, und ob denn das wirklich stimme. »Stimmt!« Verständnisloses Kopfschütteln rundum. Man wollte wissen, ob es in diesem Land Schnee gebe und ob es so kalt sei, dass man Pelzmützen tragen müsse. »Manchmal!« Zustimmendes Murmeln und Nicken. Dann wollten die Männer wissen, ob in meinem Land Lieder gesungen würden, und schließlich brachten sie uns durch Bitten und Drängen dazu, aufzustehen und der ganzen Runde etwas vorzusingen.

Die drei amerikanischen Geologen und die Biologin aus Vancouver einigten sich auf »Jingle bells« und »When the Saints go marching in«, dann kam ich an die Reihe. Seit den Musikstunden meiner Schulzeit war dies, glaube ich, das erste Mal, dass ich vor vielen Menschen singen sollte. Doch mit »Hoch auf dem gelben Wagen« und Matthias Claudius' »Der Mond ist aufgegangen« kam ich ganz gut über die Runden.

Dann passierte etwas für uns Gäste Überraschendes: Zwei Frauen, ich schätzte sie auf Mitte zwanzig, standen auf und stellten sich einander gegenüber vor uns auf. So nah, dass kaum eine Handbreit Abstand zwischen ihren Nasenspitzen war. Wie Ringkämpferinnen packten sie sich fest an den Oberarmen und blickten sich mit zusammengekniffenen Augen sehr ernst an. Dann begann zuerst die eine rhythmisch Laute auszustoßen, die entfernt an das Schlagen und Zischen der Pleuelstangen alter Dampflokomotiven erinnerten: **Hm ha, hm ha, hm ham hm ha ...** Und gleich einer anfahrenden Lok kamen ihre Hmhas zuerst schleppend, dann aber immer schneller. Nach zehn oder fünfzehn Sekunden fiel die zweite skandierend ein: *Hm, hm, hm, hm, hm.* Wie virtuose Gitarristen einer Rockband trieben sie sich gegenseitig zu immer höherem Tempo an, bis die rasend schnellen *Hm-has* nicht mehr zu steigern waren, eine der beiden zuerst nur mehr *Ha-has* hervorbrachte und schließlich in hohes, glucksendes Lachen verfiel, das sofort die andere und schließlich die ganze Gruppe ansteckte. **»Gesänge zum Erlangen der Fröhlichkeit«** nennen die Es-kji-mo dieses Sprechstakkato, bei dem die Person, die zuerst lacht, dieses Lachen an die anderen weitergibt.

Kaum hatte die Es-kji-mo-Runde ausgelacht, tauschten die beiden die Rollen. Die Vorlacherin beim ersten Gesang hörte jetzt den träge dahinfließenden Lauten der anderen zu. Diese hatte eine neue Folge von Tönen angestimmt: Ein **Dgg-dm, dgg-dm, dgg-dm,** das langsam immer höher und höher gesungen wurde, bis sich die zweite Inuit-Frau mit einem rhythmischen *Ha!* einmischte. Es entstand ein sämtliche möglichen Tonhöhen bis in die Oberstimmen durchmodulierender Wechselgesang aus *Dgg-dm. Ha! Dgg-dm. Ha! Dgg-dm. Ha!* Bis wieder passierte, was zuvor schon geschehen war: Die Vorsängerin konnte nicht mehr an sich halten, begann zu lachen, ihr Gegenüber fiel ein und die komplette Runde lachte mit.

Auf diese Art folgte ein »Gesang zum Erlangen der Fröhlichkeit« auf den nächsten. Manche hörten sich an wie das tiefe Gegrunze eines Eisbären, andere wie das bellende Röcheln von eben aufgetauchten Seehunden, immer aber akzentuiert durch Lachlaute wie *Haha* und *Hmhm*. Nach etwa einer Viertelstunde fiel die komplette Runde in herzhaftes, schier endloses, fast trancehaftes Lachen, denn mittlerweile hatten sich noch andere Zweiergruppen gebildet, die mit ihrem *Dgg-dm*, *Hm-ha* und *Hahas* die Gruppe anfeuerten.

Man erzählte mir, dass diese »Liederabende« oft erst spät in der Nacht enden. Natürlich wollte ich von den Inuit wissen, zu welchem Zweck solch spezielle Gesänge gesungen werden. Doch ich bekam nur eine ausweichende Antwort. Es habe mit den Geistern zu tun, hieß es, aber darüber dürfe man nicht sprechen.

Jedenfalls blieb mir dieses *Dgg-dm* und *Hm-ha* der Inuit-Frauen die nächsten Tage im Ohr, begleitet vom ständigen Pfeifsausen des Winds. Und selbst eine Woche später, als ich wieder in die mit Kufen zum Gletscherflieger umgebaute zweimotorige Fairchild stieg, hörte ich noch beim Schlagen der anlaufenden Propeller die immer schneller und höher werdenden »Gesänge zum Erlangen der Fröhlichkeit«: *Dgg, dgg, dgg, dggdm, dggdm, dggdm*...

Aufgewirbelte Schneewolken stoben hinter den Tragflächen hoch, während sich die Maschine langsam auf die mit roten, im Harsch steckenden Fähnchen markierte Startbahn schob. Dann ein Aufbrausen der Motoren, und schon flogen ein paar winkende Menschen und ein paar aufbellende Schlittenhunde am Kabinenfenster vorbei. Schon sah man die eingewehten Wellblechhütten am Rand des namenlosen Flugfelds von oben, und bald lag das weite, eingefrorene Delta des Mackenzie River, das weite weiße Land der lachenden »Rohfleischesser«, unter uns.

In solchen Momenten neigt der Mensch zu schlichten, ehrlichen und deshalb vielleicht mitunter sentimental anmutenden Gedanken. »Wie grenzenlos groß ist doch die Welt«, dachte ich, während sich der Fairchild-Vogel über ewige Tundra und ewiges Eisland schraubte. Wie viele Menschen mögen in diesem Moment dort unten weinen? Oder lachen. Und **warum lachen Menschen überhaupt?** Warum haben sie sich so kuriose Sachen wie diese »Gesänge zum Erlangen der Fröhlichkeit« ausgedacht? Geister hin, Geister her. Sicher nicht nur, weil es lustig ist. Aber warum ist Lachen überhaupt lustig? Und warum wird gelacht, wenn etwas lustig ist? Man könnte genauso gut mit Husten, Schnarchen oder Räuspern reagieren.

Dabei fiel mir auf, dass sich trotz der tausend und mehr Sprachen, die rund um den Erdball gesprochen werden, das *Ha, ha, ha, Hi, hi, hi* und *Ho, ho, ho* des Lachens auf dem ganzen Globus gleicht. Jedenfalls konnte ich in dem Gekichere und dem Gescheppere der Inuit exakt jenen Klang wiedererkennen, der sich auch aus einer Runde Witze erzählender Menschen in Ruhpolding oder Remagen erhebt. Und überhaupt: Warum erzählen Menschen Witze, warum sitzen sie vor dem Fernseher und ziehen sich Sitcoms rein, warum gehen sie ins Boulevardtheater und in die Komödie, warum ins Kino, um bei Otto-, Loriot- und Mister-Bean-Filmen heftig abzulachen? Warum schauen wir uns die hintergründig heiteren Zeichnungen von Sempé, Traxler oder Friedrich Karl Waechter an? Was finden wir an Heinz Erhardt, Karl Dall und Karl Valentin? Warum geben wir sogar Geld für ihre Schallplatten aus? Weil sie ein Grundbedürfnis befriedigen, wie Shakespeare mit *Was ihr wollt* und *Wie es euch gefällt*. Ein Grundbedürfnis nach Lachen, sofern **Lachen ein Grundbedürfnis** ist wie Essen und Schlafen, Trinken und Sich-Fortpflanzen.

Was ist an drei, vier Tauben, die durch ein Kirchenschiff flattern, lustig und zum Lachen? Warum lachen wir über solche und andere kuriose Situationen? Die Fernsehprogramme sind randvoll damit. Es gibt eigene Sendungen mit mehr oder minder lustigen Videoaufnahmen: von kleinen Kindern, die kopfüber aus ihren Kinderwägen purzeln, von Tante Frieda, die beim Baden vom Steg stolpert und ins Wasser fällt, von Onkel Albert, der beim Malern von der Leiter und direkt in den Farbeimer steigt. Warum all das?

»Alles in der Natur hat seine Funktion und damit einen Sinn«, so meine Grundüberzeugung. Das gilt für das weiße Fell des Eisbären ebenso wie für den langen Hals der Giraffe. Und beim Lachen? »Was ist also Funktion und Sinn des Lachens?«, so die Frage, die sich anschließt. Und falls die Evolution dem Lachen eine biologische Funktion zugeordnet hat, warum lachen dann Tiere nicht – sieht man vom kalauernden Hinweis auf das Lachen der Hyänen ab. Oder lachen sie doch, die Schlittenhunde und die Robben, die Eisbären und die Rentiere? Eben nur anders als ihre Nachbarn, die Inuit, anders als die Menschen. Anders als wir.

»Wie groß ist doch die Welt!« dachte ich mir. Und die nimmermüden Propeller der Fairchild zogen den Flieger weiter nach Süden, hinaus aus dem Eisland, über endlose Taiga und endlose Wälder.

An diesem Punkt ist es Zeit, zwei Personen vorzustellen. Beide heißen Papu mit Vornamen, beider Wurzeln reichen nach Indien, beide leben in Deutschland. Und beide haben, jeder auf eine ganz spezielle Weise, mit diesem Buch zu tun. Da ist einmal Papu, der Wirt eines indischen Restaurants in München. Er wird uns nur nur kurz begegnen. Der zweite Papu ist Papu Pramod Mondhe. Kennen gelernt habe ich ihn vor etlichen Jahren bei einer Reportage über Schweine – er an der Kamera, ich als Autor der Geschichte. Papu fotografierte für diese Reportage die Schweine leicht angewackelt und da und dort gewollt unscharf. Sie wirken deshalb so, als ob eine ganz besonders schlaue Sau dem Fotografen den Fotoapparat aus der Hand genommen hätte, um selbst ihre Kobenkameraden zu knipsen. Auf manchen Fotos meint man sogar, dass die Schweine in die Kamera lachen. Eine Beobachtung, die Papu bestätigte. Er habe bei seiner Arbeit schon mehrfach den Eindruck gehabt, dass Tiere in die Kamera lachen. In Indien fotografierte er einmal eine Kobra, die mit ihrem bis weit hinter die Augen reichenden Maul aussah, als ob sie ihr **breitestes Grinsen** aufgesetzt hätte.

Doch zurück zu Papu, dem Wirt, und zu seinem indischen Restaurant. Ein halbes Jahr oder mehr war seit meinem Besuch bei den »Rohfleischessern« vergangen. Ich war längst wieder in München und ging eines Abends mit Freunden zu ihm zum Abendessen. Zwischen Pakora und Chicken masala erzählte ich von meiner Reise zu den Es-kji-mo und ihren »Gesängen zum Erlangen der Fröhlichkeit«. Um genau zu sein, ich erzählte nicht, ich trällerte und blökte die kuriosen Melodien als akustische Demonstration über den Tisch hinweg – offensichtlich so laut, dass der Wirt auf meine eigenartige Darbietung aufmerksam wurde, an unseren Tisch kam und lachend fragte, was denn das solle. Ich erzählte auch ihm von meiner Reise zu den Inuit und von ihren Gesängen. Doch statt erstaunt zu reagieren, wusste Papu von ähnlichen Zeremonien, die er aus Indien, speziell aus Bombay kannte. Dort gebe es angeblich sogar richtige »Lachclubs«, in denen das Lachen auf besondere Weise praktiziert und kultiviert werde.

Von einem Moment auf den anderen fühlte ich mich wie ein Spürhund, der die Witterung von Wild aufgenommen hat und nun von der Leine gelassen wird: »Gesänge zum Erlangen der Fröhlichkeit bei den Es-kji-mo, **Lachclubs in Indien.** In meinem Kopf begann sich ein Lachkaleidoskop zu drehen. Mit Clowns im Zirkus, Mister-Bean-Sketchen und Legionen lachender Menschen. Noch am selben Abend rief ich Papu, den Fotografen, an, um ihm von Papu, dem Wirt, und seinem Hinweis auf die Lachclubs in Bombay zu erzählen.

»Hast du davon schon gehört?«, wollte ich von ihm wissen.

»Na ja«, antwortete er, »das ist doch nichts Besonderes, das gibt es doch in jeder größeren Stadt.«

»Was, in jeder größeren Stadt?« Ich war verblüfft.

»Natürlich. In Los Angeles, in New York, in Hamburg, in Paris.«

»Papu! Lachclubs in Hamburg und in Paris – davon habe ich noch nie gehört.«

»Doch, doch«, erklärte Papu weltmännisch und meinte, er sei in New York selbst schon in einem gewesen.

»Und wie sieht es da aus?« wollte ich wissen.

»Wie es in jedem dieser Clubs aussieht – Silikonblondinen hinter der Bar, auf den Tischen tanzen Mädels im Tanga, du steckst ihnen Dollarscheine in den BH und in den Slip...«

»Papu, ich spreche von Lachclubs, nicht von Nachtclubs und auch nicht von Nacktclubs...«

Und Papu trocken: »Lachclubs in Bombay, nee, noch nie gehört.«

Im Handumdrehen wurde das Telefongespräch zu einem **Telefongelache**, an dessen Ende wir beschlossen, den Lachclubs vor Ort nachzugehen. Sofern wir denn irgendwann nach Bombay kämen.

»Irgendwann in Bombay« war dann schon ziemlich bald. Was an Papu dem Fotografen lag. Denn Papu reist mindestens drei- bis viermal im Jahr in seine zweite Heimat. Und er brauchte mich nicht lange zum Mitkommen zu überreden. Als dann ein paar Wochen später der Flieger in Frankfurt abhob, war dies, ohne dass wir es damals ahnten, der Start zu einer langen Reise. Einer Reise zu den Lagerfeuern der Navajo, an denen sie sich nachts die witzigen Geschichten vom listigen Kojoten erzählen, und nach Kopenhagen, wo sich einmal im Jahr zehntausend Menschen zum Lachen treffen. Einer Reise zu klugen Philosophen, die sich Gedanken übers Lachen machen, und zu den Leuten von Kawabe, einem kleinen Dorf zwei Eisenbahnstunden südlich von Osaka. Dort wird seit ein paar hundert Jahren die einst griesgrämige Shintogöttin Niutsuhime mit einer Lachprozession bei guter Laune gehalten. Einer Reise auch zum Stamm der Purepecha in Mexiko, die sich mit einem Lachtanz über die sonst so hoch geachteten Alten lustig machen, zu Klinikclowns in München und zu Lachtherapeuten. Kurzum: einer Reise zu heiteren Menschen. Davon soll in diesem Buch die Rede sein.

»Riso fa buon sangue« – »**Lachen macht gutes Blut**«, sagen die Italiener und nehmen mit diesem geflügelten Wort die neuesten Entdeckungen der Biochemiker vorweg. »Lachen macht gutes Blut« haben diese herausgefunden. Und das ist wörtlich zu verstehen. Wörtlich im medizinischen, im heilenden Sinn.

Und sonst? Lachen verbindet Menschen, ob sie nun die gleiche oder jeder eine andere Sprache sprechen. Man kann über alle verbalen Schranken hinweg miteinander lachen, ohne dass man sich mit Worten lange erklären muss. Man lacht einfach mit. Neben dem Weinen ist das

Lachen die elementarste emotionale Äußerung, die jeder Mensch überall auf der Erde vor aller Sprache versteht.

Zur Jahrtausendwende hat eine Holländerin ihr Lachen auf eine klingende Homepage ins Internet gestellt und übers weltweite Netz hinaus in die Welt geschickt. Jeder, der wollte, konnte mit seinem eigenen Lachen antworten und es als eine Art akustische E-Mail weiterschicken. In kürzester Zeit entstand eine Lachkette, die kreuz und quer mehrmals um den Globus lief. **Ein globales Lachkonzert,** in das sich jeder und jede einklinken konnte. Und ein Lachen zum Weitergeben, so wie die Es-kji-mo ihr Lachen weitergeben. Und viele andere Menschen, denen wir auf unserer Reise noch begegnen werden.

»Ich habe die Vision von einem globalen Lachzeitalter«, sagte mir vor einiger Zeit ein Inder. Er heißt Madan Kataria. Aber damit sind wir schon mitten in unserer Geschichte.

Die Verrückten von Bombay

Warum Paviter Singh jeden Morgen die Hände in den Himmel hebt, wie sich Madan Kataria mit vier Freunden zum Lachen im Park trifft und was daraus wurde. Warum Parveti Nair schreckliche Bauchschmerzen bekam, die dann aber wieder verschwanden und was das alles mit vegetarischen Witzen zu tun hat.

Bombay hat an diesem Morgen einen sehr guten Morgen. Eine ganze Nacht lang kippte Monsungewitter um Monsungewitter eimerweise Wasser über die riesige Stadt, doch jetzt ist die schwarze, schwere Wolkenfracht zumindest für ein paar Stunden abgeladen. Volle Tropfen funkeln an Palmwedeln und Bananenblättern, entzündet von der hinter den Küstenbergen der Western Ghats hochkletternden Sonne. Funkeln, als hätte der reichste aller Maharadschas eine schier endlose Schatzkammer geöffnet und sämtliche Glitzersteine über die Stadt ausgestreut. Der Platzregen hat die Luft reingewaschen und den aus Gebirgen von Müll herüberziehenden süß-scharfen Geruch nach Kloake mit sich in Rinnsteine und Kanäle geschwemmt. Auch die Legionen emsiger Motorradrikschas und Rußfahnen-ausrauchender Lastwagen haben es zu so früher Stunde nicht geschafft, den blauen Himmel über der Stadt mit altgelber Lasur zu patinieren. Stattdessen verschenken Myriaden aufbrechender Ylang-Ylang- und Jasminblüten großzügig ihren Duft an Bienen und Menschen. Wie gesagt: Bombay hat an diesem Morgen einen sehr guten Morgen.

Paviter Singh, ein kräftiger Mann mit pechschwarzem Kräuselbart und einem dunkelroten Turban auf dem Kopf, hat sich zu so früher Stunde schon auf den Weg gemacht. Sein Ziel: Der Joggers Park, ein knapp fußballfeldbreiter Streifen mit Papayastauden und Mangobäumen, der sich ein paar hundert Meter am steinigen Strand entlangzieht und den Indischen Ozean von den bröseligen Betontürmen der Skyline Bombays trennt. Im Park warten schon andere auf ihn: Kiran, der beim amerikanischen Konsulat als Wachmann beschäftigt ist, Rupali, die bei einem Arzt als Laborkraft arbeitet, Siddharth, der Ingenieur, Anjanta, die um acht ins Büro muss, Kumar, der beim Joggers Park gleich um die Ecke einen kleinen Laden für Blechpfannen, Kupferschüsseln und Messingteller betreibt. Doch jetzt, pünktlich um sechs, sind sie alle da. Vierzig, fünfzig, vielleicht auch mehr Menschen. Meist mittleren Alters, etliche aber auch schon *retired*, also in Ruhestand, wie sie erzählen.

Aus dem Straßengewirr trägt der Wind fernes Rauschen und das dünne *mjeet, mjeet* aus Tausenden von Taxihupen herüber in die hohen Bäume, über denen Möwen kreisen und Krähen krächzen, doch dann legt sich gleich einem schwebenden, luftigen Tuch ein anderer Klang über den Park. Paviter Singh, der Mann mit dem Turban und ganz offensichtlich eine Art Zeremonienmeister der Gruppe, hat die Arme zum Himmel gehoben, denen seine Augen folgen, bevor er sie schließt. Alle anderen verstreuen sich um ihn, machen, was er macht: Hände in den Himmel, Augen schließen, Lippen locker, summen: *Aummmmm, aummmmmmmm.* Eine Minute, zwei Minuten: *Aummmmmmmmm, aummmmmmmmm.* Tief brummend wie riesige alte Propellerflieger aus der Ferne, von allen Ecken des Himmels. **Als ob der Kosmos atmen würde**: *Aummmmmmmmm, aummmmmmmm.*

Dann reißt Singh die Augen auf, holt seine Arme vom Himmel herunter und vor die Brust, spreizt die Finger, klatscht in seine großen Hände, schließt die Finger, klatscht, spreizt sie, klatscht, schließt sie.

Und stimmt dazu ein rhythmisches *Haha hoho, haha hoho, haha hoho* an. Rupali und Anjanta, Siddharth, Kiran und Kumar sind sofort in sein Klatschen eingefallen, haben sich, Mann mit Mann und Frau mit Frau vis à vis zu Zweiergruppen aufgestellt, klatschen sich an, **lachen laut, bellend laut:** *Haha hoho, haha hoho, haha hoho.* Keiner hat einen Witz erzählt, niemand etwas Lustiges gesagt, getan. Nichts Heiteres hat stattgefunden. Und dennoch: Vor lauter *Haha* und *Hoho* hat sich die Gruppe von einer Lachsalve in die nächste gekichert. Bis Singh wieder in seine großen Hände klatscht, **silent laughter!** in die Runde kommandiert, alle ihre Lippen zusammenpressen und still glucksend *hmhm, hmhm, hmhm* vor sich hingluckern. Eine halbe Minute, eine ganze Minute, sich dabei krümmend, noch eine halbe Minute. Jetzt Atemübung: Tief einatmen, tief ausatmen. Die Arme von Kumar, Kiran und Rupali gehen dabei schwingend hoch, wie Adlerflügel, tief einatmen. Und wieder herunter, tief ausatmen. Adlerflügel hoch, tief einatmen. Adlerflügel herunter, tief ausatmen.

Tempowechsel! Stakkato: *Haha hoho, haha hoho, haha hoho, haha hoho.* Adlerflügelfederfinger klatschen. Tempowechsel! Piano: *Silent laughter*, dirigiert der Turbanmann: Und alle: *Hmhm, hmhm, hmhm, hmhm.*

»Listen to your laughter!« befiehlt Singh. Fünfzig oder sechzig Menschen stecken sich ihre Zeigefinger in die Ohren, glucksen noch leiser vor sich hin, platzen dann aber unkontrolliert los, als ob gerade der schmutzigste, hinterlistigste, kurioseste Witz der Welt erzählt worden wäre. Und als ob sie es verstehen würden, krähen die Krähen in den Kokospalmen mit.

Nach einer knappen halben Morgenstunde voll *Hmhmhms* und *Hohohohs* hat sich die Runde im Joggers Park offenbar ausgelacht. Kumar, Kiran und die anderen stehen noch eine Weile zusammen.

»Hat jemand ein Motto für den Tag, das er uns mitgeben will?«, fragt Paviter Singh. Ein älterer, hagerer Mann mit lebhaft zwinkernden Augen tritt vor: »Die Zeit mit Lachen zu verbringen ist wie die Zeit mit Gott zu verbringen.«

Alle nicken und klatschen andächtig.

»*Very good*«, sagt der Turbanmann und will »noch ein Motto«.

Von weit hinten meldet sich eine junge Frau im hellblauen Sari: **»Was das Wasser für die Blume ist das Lachen für die Seele.«** Wieder Klatschen und wieder ein *»very good«*.

Am kleinen Kiosk gleich neben der Strandpromenade hat jemand mit gelber Farbe ein Lachgesicht auf den blauen Grund gepinselt. Hier trinken alle noch eine Schale Tee, dann verabschieden sie sich »bis morgen früh« und verschwinden im Gewirr der Gassen Bombays.

»Die Menschen lachen viel zu wenig«, findet Madan Kataria. »Sie gehen mit ernsten Gesichtern zur Arbeit und kommen abends mit ernsten Gesichtern wieder nach Hause.« Madan Kataria gilt als der Motor der indischen Lachbewegung. Ein immer fröhlicher Mensch mit freundlich rundem Gesicht und verschmitztem Blick, knapp ein halbes Jahrhundert alt, aber schon mit angegrautem Haar. Weil er Arzt ist, nennen ihn alle nur »den Doktor«.

Papu hat über einen indischen Freund Katarias Telefonnummer und Adresse herausgefunden. Gleich nach unserer Ankunft in Bombay machen wir uns auf den Weg und besuchen den Doktor im Lokhandwala Complex, einer Hochhaussiedlung im Süden Bombays. Hier, versteckt hinter Bananenstauden und Palmen, betreibt er im Parterre eines der vielstöckigen Wohntürme seine Praxis. In seinem winzigen Arbeitszimmer mit einem mausgrau lackierten, angestoßenen Metallschreibtisch deutet nicht viel darauf hin, dass der Doktor eigentlich ein **Lachdoktor** ist. Immerhin steckt hinter ihm im Bücherregal zwischen den

Büchern ein dünner Holzspan, an dessen oberem Ende eine aus fester Pappe ausgeschnittene Halbmaske mit **breit grinsenden Lachlippen** klebt. Hält man sie vors Gesicht, spitzen gerade noch Nase und Augen über das Lippenmonster. Sonst aber braucht es schon einen detektivischen Blick, um einige Fachbücher im Regal zu entdecken, die auf Katarias Mission schließen lassen. Denn nichts in seinem Leben ist ihm so klar wie die Tatsache, dass er eine Mission zu erfüllen hat. Und dass diese mit dem Lachen zu tun hat.

Kataria erinnert sich noch ganz genau: »Wir sollten uns zum Lachen treffen, einmal am Tag, am besten gleich frühmorgens. Wer will mitmachen?« hat er vor ein paar Jahren bei Nachbarn und Freunden nachgefragt. »Ich habe mehrere hundert Leute angesprochen, aber es war nicht viel los mit Lachen, außer dass sie mich ausgelacht haben.«

Dennoch: Nicht alle waren so abweisend. Zum Schluss hatte der Doktor vier Mitlacher gefunden, die sich mit ihm gleich nach Sonnenaufgang im nahegelegenen Lokhandwala Park zum Lachen treffen. »Da standen wir nun mitten auf einer Wiese und begannen zu lachen.« Aber bald entdeckten sie, dass es gar nicht so einfach ist, einfach zu lachen, grundlos, ohne dass etwas Lustiges passiert wäre.

»Wir begannen also, uns gegenseitig Witze zu erzählen. Das funktionierte anfangs auch ziemlich gut. Und wir hatten viel zu lachen.« So viel sogar, dass die lustige Gruppe einigen bereits frühmorgens durch den Park eilenden Passanten auffiel, die zum Teil stehen blieben, fragten und manchmal mitlachten. Nach einer Woche hatte sich Katarias Gruppe verdoppelt, wenig später verdreifacht. »Wir standen da, erzählten Witze, lachten. Am Ende des Monats waren es rund fünfzig Leute, die jeden Morgen um sechs morgens zum Lachen in den Park kamen.«

Auch etliche Frauen waren dabei, was sich zuerst als bremsend, dann aber als grandioser Katalysator für die ganze Bewegung erwies.

Bremsend, denn »die Frauen beschwerten sich just über jene *dirty jokes*, bei denen die Männer am lautesten losplatzten. Einige Frauen drohten sogar, den Lach-Meetings fernzubleiben, sollte sich in diesem Punkt nichts ändern.«

So entschloss sich die Gruppe, solche *non-vegetarian jokes*, wie Kataria die Witze mit gehobenem Zotenfaktor nennt, aus dem Morgenprogramm zu streichen. Mit zweifelhaftem Erfolg. Denn bald ging dem Lachtrupp die Munition an guten **vegetarian jokes** aus, die Witze wurden immer weniger, die wenigen immer dünner und dümmer, und das frühmorgendliche Lach-Meeting drohte mangels Lachmasse im Sand des nahen Strands zu versickern. Mit Witzen der Art: »Treffen sich zwei Jäger. Beide tot!« Haa, haa, haa. Na ja!

»Einer der traurigsten Momente der Lachbewegung«, sagt Kataria und lehnt sich mit über dem Kopf verschränkten Armen so weit zurück, dass der zwischen den Büchern steckende Grinsmund beinahe aus dem Regal fällt. »Es war ein Sonntag, und ich ging vom Lachtreffen im Lokhandwala Park zurück in meine Wohnung. Ich war sehr still. Still, weil die Idee unserer Lach-Meetings nicht zu funktionieren schien. Missmutig setzte ich Schritt vor Schritt, da war mir plötzlich, als ob eine Stimme zu mir spräche: Kann man lachen, ohne einen Grund zu haben? **Grundloses Lachen, gibt es das?** Und wenn, wie ist es, woher kommt es, wie hört es sich an? Ich begann, leise vor mich hinzulachen, zuerst zaghaft und still und im Rhythmus meiner Beine: *Haha hoho, haha hoho, haha hoho.* Wer mir entgegenkam, hat mich wohl für verrückt gehalten, ich aber konnte über diese Situation richtig lachen, immer mehr lachen, und einige der Entgegenkommenden lachten mich sogar an, lachten mit.«

Tags darauf erzählt Kataria den Lachleuten im Lokhandwala Park von seinem »erleuchtenden Lacherlebnis«. Spontan beschließt man, es einfach zu probieren: *Haha hoho, haha hoho, haha hoho, haha hoho.* Einige beginnen, im Rhythmus mitzuklatschen. Einer weiß, dass man dabei die Finger weit spreizen soll, so dass Hand- und Fingerballen hervortreten, was die Akupressurpunkte in der Hand stimuliert. Ein anderer meint, dieses stakkatoartige Luftholen und Luftausstoßen während der *Hahas* und *Hohos* erinnere ihn an spezielle Yoga-Atemtechniken. Und dann ist es, als ob ein Zauberwort gefallen wäre. *Haha hoho, haha hoho, haha hoho,* legen alle los. Lachen, lachen. Lachen schier ohne Ende, klatschen, lachen. **Lachen ohne Grund,** lachen schließlich, weil sie ohne Grund lachen. Nach Witzen, die man braucht, um richtig abwiehern zu können, fragt kein Mensch mehr.

Wochen später prägt Madan Kataria den Begriff *self inducing laughter*, »sich selbst auslösendes Lachen«, für diesen Sachverhalt. Wochen später kommen jeden Morgen über siebzig Menschen zu den Lachtreffen in den Lokhandwala Park und sprechen bereits von ihrem Lachclub. Ein Club freilich ohne Aufnahmeantrag, Vereinssatzung, Mitgliedergebühr, Schriftführer und Vorsitzenden: Wer kommt und mitmacht, gehört einfach dazu. Ganz unkompliziert.

Einige tragen die lustige Botschaft vom Lachclub hinüber in andere Parks, in den Joggers Park und den Yuhu Beach Park und von da aus weiter über Bombay hinaus, hinüber nach Pune und weiter nach Bangalore. Und überall schießen sie wie Pilze aus dem Boden. Knapp hundert Lachclubs gibt es derzeit allein in Bombay, und schon über ein halbes Tausend in ganz Indien. So gut wie jede Woche kommen drei oder vier neue dazu. Tendenz rapide steigend.

Madhukar Parashar beispielsweise: Er kam im Joggers Park mit den Lachleuten in Kontakt. Und lachte mit. So heftig und überzeugt, dass der Lehrer jeden Unterrichtstag mit einem zehnminütigen *Haha hoho, haha hoho, haha hoho* gleich nach dem Morgengebet beginnt. Die nicht nur für Indien revolutionäre pädagogische Maßnahme kommt an. Selbstredend: bei den Schülern. Überraschend: sogar bei Parashars Lehrerkollegen, die sich nach anfänglicher Skepsis seinem Urteil anschließen: »Die Kinder kommen alle regelmäßig, pünklich und gutgelaunt zur Schule, wohl weil der Unterricht mit großer Heiterkeit beginnt. Und während der Stunden sind sie deutlich weniger hippelig und konzentrierter bei der Sache.«

Parashars *laughter lesson* ist keine einmalige Angelegenheit **im lachboomenden Bombay.** Da sind, ein anderes Beispiel, die Arbeiter der Electrical Products of India, kurz EPI genannt. Sie wickeln Anker für Elektromotoren, verdrahten Schaltplatinen, bauen Dynamos. In ihrer Firma haben sie einen Lachclub gegründet. Jeden Morgen, bevor es an die Werkbank geht, trifft man sich zwischen den Fließbändern zur Lachübung. Mittlerweile machen sogar die Manager mit und bestätigen, dass sich das Arbeitsklima deutlich verbessert habe und die Arbeitseffizienz gestiegen sei. Und zwar genau seit dem Zeitpunkt, an dem der EPI-Arbeitstag mit einer Viertelstunde heftiger *Hahas* und *Hohos* begann.

Täglich kommen neue Überraschungsmeldungen von der indischen Lachfront. Im Blindenheim Dadar wird neuerdings täglich gehohot und gehahat. Am Ende der Übung schreit der Vorlacher seine Mitlacher mit den glasigen Pupillen, verdrehten Augen und verwachsenen Lidern an: **»I'm the happiest man in the world!«** Und aus hundert Kehlen schallt es zurück: *»Yes, yes, yes!«* So laut und überzeugend, dass man keine Sekunde daran zweifelt. »Ja, ja, ja, ich bin der glücklichste Mensch auf der ganzen Welt!« Dann geht alles in tobendem Klatschen und lautem Lachen unter.

Und täglich kommen noch ganz andere Überraschungen aus dem Lachland Indien. Eine findet sich zwei Autostunden nördlich von Bombay. Im Jalagoan Jailhouse, einem Gefängnis mit so vielen Insassen, dass selbst Mister Dhongade, der Direktor, ihre genaue Zahl nicht im Kopf hat. Doch dafür weiß er eines ganz sicher: »Mein Gefängnis ist wohl das einzige auf der Welt, in dem die Häftlinge lachen.« Zwar nicht immer und auch nicht immer freiwillig, und deshalb anfangs auch von ihm dazu verdonnert. Dann stehen sie da, draußen im staubigen Gefängnishof, umgeben von hohen Betonmauern mit Stacheldrahtkronen, in blauen und grauen Leinenhosen, manche mit freiem Oberkörper, manche im zerschlissenen Unterhemd. Exakt dreihundertdreißig sind es heute, die zur ersten Lachschicht abkommandiert wurden. Stehen da, wie mit der Schnur aufgestellt, heben die Arme, schließen die Augen, beginnen mit dem summenden, brummenden Atem des Alls: *Aummmmmmm, aummmmmm, aummmmmmm.* Dann Klatschen, *haha, hoho, haha, hoho.* Wir kennen das vom Lokhandwala Park und wissen deshalb, wie es in der nächsten halben Stunde weitergeht.

Wie es weitergeht? »Anfangs hielten die Häftlinge die Lachübungen für ziemlichen Unfug, doch mit der Zeit begeisterten sie sich fürs Mitmachen«, analysiert der Gefängnisdirektor die Situation hinter seinen Mauern. Und immer, wenn er jetzt seine Direktoren-Kollegen aus anderen Haftanstalten trifft, singt er ein Loblied, ein Loblied auf seine **lachenden Häftlinge.** Denn seitdem er jeden Tag mit Lachübungen beginnen lässt, hat sich die Situation zwischen Wachmännern und Häftlingen, aber auch unter den Häftlingen selbst spürbar verbessert: »Viel weniger Aggression, deutlich weniger Konflikte.« Gemeinsames Lachen verbindet offensichtlich.

Die **größte Lachüberraschung** ist jedoch eine kleine Frau. Ihr Name ist Parveti Nair. »Sie müssen unbedingt Parveti Nair kennen lernen«, meint Kataria. Und bevor ich mich nach dem Warum und Wieso erkundigen kann, hat er auch schon einen Boten gerufen, um ihn nach Misses Nair zu schicken. »Sie wohnt hier um die Ecke, sie kann gleich hier sein.« Eine Stunde später kommt der Bote zurück. Hinter ihm eine knapp eins sechzig große ältere Dame im weiß und grün gemusterten Sari, das Haar grau und zum Knoten gesteckt, auf der Nase eine Nickelbrille mit kreisrunden Gläsern, wie sie einst auch John Lennon trug. Wenn sie lacht, und sie lacht fast unentwegt, blitzen nur noch drei Zahnstifte aus ihrem Mund. Nickelbrille und Zahnstifte machen aus ihrem Gesicht ein herzlich lachendes Mausgesicht und aus der Frau die personifizierte »strahlende Freude«. Und das, obwohl die vergangenen Jahre Parveti Nair nicht viel Freude gebracht haben.

Ein Tag im Herbst 1997 wird ihr »schwarzer Tag«. Seit dem Sommer verspürt sie einen noch nie erlebten Schmerz eine Handbreit unter dem Nabel und in den Hüften. »Gleich nach dem Aufstehen war es besonders schlimm«, erinnert sie sich. Und es ist ein Schock, als ihr die Ärzte des Tata Memorial Hospital mitteilen, was in ihrem Bauch los ist: Wasser im Gewebe, Gebärmutterkrebs. »Dann wirst du wohl nicht mehr lange leben«, ist ihr erster Gedanke, dem die Ärzte kaum widersprechen. Dennoch verordnen sie ihr eine Strahlentherapie. Insgesamt 25 Sitzungen verzeichnen ihre Behandlungsunterlagen. Mit den bekannten Folgen Übelkeit, Verdauungsstörungen, allgemeine Schwäche. »Trotzdem konnte ich nicht gut schlafen. Ich bin oft schon vor Sonnenaufgang aufgestanden und im Lokhandwala Park spazieren gegangen.« Auf dem Nachhauseweg trifft sie Morgen für Morgen einen Mann, der ihr zügigen Schritts und regelmäßig zur selben Zeit entgegenkommt. »Er hat mich immer angelacht.« Irgendwann spricht Parveti Nair ihn dann, fragt ihn, wo er denn so früh hinwolle, wo er denn so früh herkomme. Und Madan Kataria erzählt ihr vom Lachclub und von den morgendlichen Treffen am anderen Ende des Parks. »Und dann hat er mich eingeladen, mitzukommen und beim Lachen mitzumachen.«

Parveti überlegt nicht lange: »Wenn ich schon bald sterben muss, dann will ich meine letzten Tage wenigstens nicht in Traurigkeit, sondern mit Heiterkeit und Lachen verbringen.« Sie geht also mit, summt mit den anderen **das heilige Aummmm** in den Himmel und kichert und gluckst ihre *Hahas* und *Hohos* hinauf in die sich im Morgenwind wiegenden Palmwedel und weiter in den indischen Himmel. Und dies von da an täglich.

»Sie ist unsere fleißigste Lacherin«, lobt Kataria die zierliche Misses Nair. Und Misses Nair lacht über das Lob.

Eine Geschichte, die eigentlich kaum erzählenswert wäre, wäre da nicht Besonderes mit den Bauchschmerzen passiert. »Anfangs habe ich es gar nicht gemerkt, aber nach und nach sind sie leichter geworden, es hat aufgehört zu ziehen, zu pochen und zu toben, und eines Morgens waren sie wie weggewischt.«

Im Kalender hat sie nachgezählt und nachgerechnet, dass nicht mehr als vier Monate vergangen waren, seit Doktor Kataria sie zu den Lachleuten in den Lokhandwala Park mitnahm. Und damit der Schmerz auch wirklich nicht mehr zurückkommt, hat sie für sich selbst und gegen ihn **eine richtige Lachoffensive** gestartet: mindestens drei Stunden intensives Lachen am Tag, morgens um sieben die obligate Stunde im Park und zwei- oder sogar dreimal weitere rund sechzig Minuten, in denen die kleine Frau in ihrer kleinen Küche steht und vom heiligen *Aummmm* bis zum fast ekstatischen Ausschütteln das gesamte Repertoire an Lach- und Glucksübungen durchkichert. Die Offensive scheint zu nützen, denn bis heute hat sich der Schmerz nicht zurückgemeldet.

Und mehr noch: Zwei Jahre nach ihrer schlimmen Diagnose steht sie wieder einmal ihrem Arzt im Tata Memorial Hospital gegenüber. »Sie sind ein spezieller Fall«, sagt er zu ihr. »Ihr Krebs ist verschwunden.«

Die Strahlentherapie hat die mutige Frau schon längst abgesetzt, jetzt meinen die Ärzte im Krankenhaus, dass sie auch die Medikamente nicht mehr braucht.

»Mit meinem Lachen haben ich den Krebs vertrieben.« Davon ist sie fest überzeugt, kichert wie zum Beweis »*I'm very happy, very happy*« hinterher. Dabei legt sich ihr ganzes Gesicht in Lachfalten, ihre Augen blitzen spitzbübisch durch die Nickelbrille, und ihre mausigen Zahnstifte blitzen um die Wette mit. Und als ob durchtrainierte Muskeln ein Indikator für Glückseligkeit wären, krempelt sie den Ärmel ihres Sari hoch, spannt den Oberarm an und zeigt mir ihre Muskeln, die wirklich stahlhart sind. »Das kommt nur von den Lachübungen.«

Ein Verrückter in Kopenhagen

Warum der Däne Jan Thygesen Poulsen nach Bombay fliegt, anstatt Katzenfutter zu verkaufen, warum er sein Türschloss ausbaut und wieso er seine Freunde zum Cocktail-*latter* einlädt. Vielleicht hängt das aber alles mit Pia zusammen, denn die fordert und fördert besseren Sex für alle. Natürlich durch Lachen. Und zum Lachen. Weshalb sich halb Kopenhagen auf dem Rathausplatz trifft.

Fast alle Frauen, die ihn kennen, sind sich einig: Jan finden sie, hat etwas von Richard Gere. Ich bin da anderer Meinung. Zugegeben: Jan hat silbergraue Haare und unbestritten jede Menge Charme. Doch macht das schon einen Richard Gere? Freilich, Jan ist schlank und schlaksig wie Gere, er hat ein sehr einnehmendes Lachen, und er ist sehr groß. Als Geburtsjahr steht im Pass des Jan Thygesen Poulsen 1957, sein Wohnort ist Kopenhagen. Ursprünglich war Jan Lehrer, doch dann ist er um- und in die Werbebranche eingestiegen.

Fünfzehn Jahre arbeitet er als Creative Director bei großen Agenturen wie Young & Rubicam, dann gründet er seine eigene Firma, Enterprise Advertising, bekommt als Partner den Werbekonzern Grey, ist erfolgreich, sehr erfolgreich sogar. Bis zu dem Tag, an dem die große Krise kommt: »Wenn ich einmal sterbe und meine Seele auf die Reise geht, soll sie nicht über mich sagen müssen: Jan hat sein Leben damit verbracht, andere Menschen zum Kauf von Haarshampoo, Katzenfutter und einem Ford Mondeo zu animieren.« Die Krise wächst sich aus, wird zur Identitätskrise. Jan wirft die ganze Werbung hin, zieht sich zurück, arbeitet fast zwei Jahre nichts, sucht Hilfe in einer Therapie. Wesentliches Ziel der Therapie ist es, keinen Beruf, sondern eine Berufung, keine Arbeit sondern eine Aufgabe zu finden. Jan hat seine Schwierigkeiten damit: keine Idee, keine Perspektive, keine Lust zu nichts. Er spricht von innerer Leere, wenn er über diese Zeit spricht.

Diese Zeit endet an einem Samstag vormittag im Februar 1999. Jan blättert gelangweilt in der Zeitung, liest dies und das, blättert um ... und sieht eine Fotografie, die sein Leben verändern wird. Es zeigt eine Pferderennbahn in Bombay, übersät mit Tausenden von Menschen, die alle herzhaft lachen und die Hände in die Höhe werfen. Der Bildunterschrift entnimmt er, dass es sich um das Treffen aller Lachclubs von Bombay handelt. Jan liest weiter, erfährt von Madan Kataria, erfährt von der indischen Lachbewegung und weiß von einer Sekunde auf die andere, dass er gefunden hat, wonach er in den Monaten seiner Therapie suchte: Inhalt, Aufgabe, Berufung. Er beschließt, sein Leben dem Lachen zu widmen. Per E-Mail nahm er mit dem Lachguru in Indien Kontakt auf, erfuhr, dass dieser von Zeit zu Zeit regelrechte **Lachseminare** veranstaltet, bekam von Madan Kataria elektronische Post mit dem Betreff »Ho ho, Ha ha: Training Programme in Laughter Yoga« samt einer Einladung. Jan ist sich ganz sicher, dass er seinen Weg gefunden hat. Ein paar Wochen später sitzt er im Flieger nach Bombay.

Gleich nach der Ankunft beginnt der Ernst des Lachens: Aus Kalkutta, Bangalore, aber auch aus den USA, aus Malaysia, Norwegen und Schweden sind Lachschüler gekommen, um in den nächsten Tagen zu lernen, dass Lachen mehr ist, als nur über Witze zu kichern, zu poltern und zu glucksen. Bereits nach dem ersten gemeinsamen Mittagessen – man sitzt um einen großen Tisch in Katarias Wohnung –, steckt der Doktor das Thema ab. Er berichtet von Ray Teasdale, einem Arzt am

St. Petersburg Junior College's Allstate Center in Florida/USA, der die indischen Lachübungen mit erstaunlich positiven Ergebnissen in seine therapeutische Arbeit mit Alzheimer-Patienten integriert hat. Was Kataria freut, aber weiter nicht verwundert, denn »in alten indischen Heilanweisungen lesen wir von den Atemübungen des Hasya Yoga, die unseren Lachübungen sehr ähnlich sind und bei Asthma, inneren Entzündungen und Verwirrung des Geists angewendet werden«.

Und dann kommen die Kernsätze seiner **Lach-Philosophie,** die er wie einen Refrain Tag für Tag nach dem Mittagessen im Stakkato wiederholen wird: »Erstens: Wir lachen nicht, um uns zu unterhalten, wir lachen für unsere Gesundheit! Zweitens: Lachen ist präventiv und erst in zweiter Linie heilend. Lache also, bevor du krank wirst! Daraus folgt drittens: **Wer lacht, wird nicht krank!** Viertens: Wir träumen von einer Welt des Friedens, die im Geist des Lachens vereint ist. Lache also nur um des Lachens willen. Wir vermischen die Idee des Lachens nicht mit Religion und Politik! Fünftens: Lache mit jedem Menschen, frage nicht, ob er klug oder dumm, ob er arm oder reich ist. Frage nicht nach seinem Glauben, seiner Hautfarbe, seiner Nationalität. Lache einfach mit ihm! Sechstens: Wenn zwei Menschen zusammen lachen, verschmelzen ihre Auren. Wenn viele Menschen lachen, verschmelzen die Auren vieler Menschen. Je mehr Menschen lachen, desto globaler wird die Aura. Wir wünschen uns, dass eine Aura des Lachens rund um die Erde entsteht.«

Nach dem Mittagessen ist eine Stunde Ruhe, dann geht es weiter, weiter mit praktischen Lachexerzitien, die Kataria aus den Übungen des Hasya-Yoga abgeleitet hat: das Löwenlachen, das aus dem Manipura, dem Nabel-Chakra, kommt; das stille Lachen aus dem Vishudda, dem Hals-Chakra, das grüßende Lachen, das argumentierende Lachen.

Eine ganze Woche geht es so, drei bis fünf Stunden jeden Tag. Manchmal schaut auch ein hagerer, rüstiger alter Herr vorbei. Doktor

Kataria stellt ihn als Mister Hinduja vor; seine bald achtzig Jahre will ihm niemand abnehmen. Fleißig klatscht er mit, fleißig ist er bei den Lachübungen dabei, obwohl er das Üben längst nicht mehr nötig hat. Denn Mister Hinduja ist indischer Lachmeister – eine Reihe kniehoher Pokale bei ihm zu Hause in einer Vitrine können es bestätigen.

»**Indischer Lachmeister?**« – Davon haben die Lachschüler aus Norwegen und Amerika, davon hat auch Jan noch nie gehört. Und Kataria und Hinduja erzählen: »Im Oktober 1996 kamen die Mitglieder des Juhu Beach Club auf die Idee, unter allen Lachclubs Bombays eine Lachmeisterschaft zu veranstalten. Sieger sollte sein, wer die einzelnen Lachübungen am natürlichsten vortrug. Eine Jury, der auch Doktor Kataria angehörte, befand über Authentizität sowie Emotionalität des Lachens und kürte den alten Herrn fast einstimmig zum Lachchampion von Bombay. Weil die Veranstaltung ein beachtlicher Erfolg war – knapp tausend Zuschauer und Mitlacher kamen zum Lachfinale –, wiederholte man die Meisterschaft zwei Jahre später im Rahmen einer All Indian Laughter Convention in Goa. Und vor zehntausend Zuschauern holte sich Hinduja auch den Titel eines indischen Meisters.«

Lachmeisterschaften, Lachen aus dem Vishudda-Chakra, Lachen aus dem Manipura, eine Lachaura, am besten gleich um die ganze Welt: Bis über beide Ohren mit Lacheuphorie angefüllt, macht sich Jan auf den Rückweg nach Europa. Kaum angekommen, gründet er in Kopenhagen Dänemarks ersten Lachclub, natürlich nach indischem Vorbild. Er lädt Freunde und Nachbarn in sein weiß getünchtes Backsteinhaus, um zu zeigen, was er in Indien erlebt und gelernt hat. Zwanzig Neugierige folgen seinem ersten Lockruf zum Lachen, versammeln sich im bettlakenbreiten Gartenstreifen hinter Jans Haus, lauschen seinen Lacheinführungen, werfen nach Bombayer Vorbild die Hände in die Höhe, atmen tief durch, beginnen *Haha, hoho, haha, hoho...*, haben so etwas noch nie erlebt, haben einen **Riesenspaß** dabei.

Jan, der Ex-Werbemann, weiß, wie man Menschen für eine Sache begeistern kann. Er schlägt für das kommende Wochenende ein Cocktail-*latter*, ein Cocktail-Lachen mit Drinks und Crackern vor. Jeder, der die Lachclubpremiere nicht lächerlich, sondern zum Lachen fand, soll einen weiteren Gast mitbringen. Es wird kleine Häppchen geben, eine Art Party auf Lachbasis soll es werden. Treffpunkt: Jans Haus. Und so quetschen sich gut fünfzig Menschen in seinem Garten, in sein Wohnzimmer, in die Küche: *Hahaha, hohoho, hahaha, hohoho...*

Und weil es bei Jan immer enger wird, beschließt man, einem weiteren indischen Vorbild zu folgen: Man verlegt die Lach-Meetings in die Fælled-Anlagen, Kopenhagens Entsprechung zum Londoner Hyde Park. Dort steht am Rand einer riesigen Rasenfläche ein runder Pavillon, der mit Kuppeldach und Säulen so tut, als hätte er sich aus dem antiken Delphi hierher verlaufen. Er wird über kurz oder lang zum Nabel der skandinavischen Lachbewegung. Denn ganz offensichtlich hat Jan in der dänischen Seele schlummernde Lachgeister geweckt, die jetzt mit Vehemenz an die frische Luft wollen. **Haha, hoho, haha, hoho,** schallt es regelmäßig über die weite Wiese vor dem Tempel, Spaziergänger, Jogger und Skater bleiben stehen, schauen zu, was sich da tut, einige machen mit, viele kommen beim nächsten Mal wieder. Ein buntes Volk mischt sich da zusammen. Und bald stellen Kristoffer, Simon, Morten, Lars, Ulla, Per, Erik, Christina und viele hundert andere fest, dass sie bereits ein richtiger Lachclub sind, mit regelmäßigen Lach-Meetings und viel Spaß dabei. *Den internationale Latterklub* nennt sich die Gruppe.

Pia Struck, eine in Dänemark bekannte Sexualtherapeutin, ist auch mit von der Partie. **»Besserer Sex durch Lachen«** lautet das Credo ihrer Arbeit, weshalb in ihren Therapiesitzungen das Lachen breiten Raum einnimmt. »Ich lehre die Menschen das Lachen: Lachen im Bett, Lachen im Umgang mit ihrer Sexualität, Lachen im Umgang mit ihrem Partner. Sich gegenseitig anlächeln ist bereits das erste positive Zeichen beim Kennenlernen zweier Menschen. Es signalisiert gegenseitige Offenheit und Bereitschaft für den anderen.«

Dies ist nur der Einstieg in Pia Strucks Sex- und Lachtheorie. Generell sorgen Partner, die viel miteinander lachen, dafür, dass eine entspannte Atmosphäre entsteht, in der es viel leichter ist, sexuelle Konflikte zu lösen, die ihre Ursache in Verklemmung und Schüchternheit haben. »Lachen«, sagt sie, »fördert die Kontaktintensität zwischen Menschen. Mit dem Lachen kommt auch eine gewisse Lockerheit ins Bett.« Nicht nur psychologisch, sonder auch physiologisch: »**Lachen entkrampft** den Unterkörper, Muskelverspannungen lösen sich.« Pia Struck ist überzeugt, dass Frauen, »die viel und intensiv lachen, auch tiefere Orgasmen erleben. Es fällt ihnen einfach leichter loszulassen.«

Die Sexualtherapeutin ist nicht das einzige Mitglied in Jans Lachkreis, das eine ganz besondere Beziehung zum Lachen hat. Auch Elsebeth Gerner Nielsen, Dänemarks Kulturministerin, schaut beim Latterklub vorbei, klatscht mit, lacht mit, kommt wieder. Vielleicht beginnen demnächst dänische Schulstunden mit zehnminütigen Lachübungen, ganz nach indischem Muster.

Langsam fällt auch den Medien auf, was sich da im Fælledpark tut. Die *Politiken*, in puncto Seriosität Dänemarks Gegenstück zur *Zeit*, nennt auf einer In-Liste »Lachen, sogar beim Sex«. Out sei dagegen »ernsthafter Sex ohne Geräusche«. Auch die Kræftens Bekæmpelse, die Dänische Gesellschaft zur Krebsbekämpfung, wird auf Jan Poulsens Aktivitäten aufmerksam. Ärzte verabreden sich mit ihm zu einem ersten Probelachen. Ihr Ziel: die psychische Belastung ihrer Arbeit mit der Leichtigkeit des Lachens zu kompensieren. Der Probelauf überzeugt. Man trifft sich wieder und überlegt, ob man die Lachübungen nicht auch mit den Krebspatienten machen soll. Positive Erfahrungen wie das Beispiel von Parveti Nair ermutigen immerhin zu diesem Versuch.

Mitten in dieser Phase aufkeimender Ideen erhält Jan eine E-Mail aus Indien: »Dr. Madan Kataria an Jan Thygesen Poulsen: Hallo, Jan, wie läuft's denn so in Kopenhagen? Wie geht es mit dem Lachen? Wir haben hier eine neue Idee: Analog zum Internet wollen wir ein Lachnetz über die ganze Welt spannen. Die Erde soll von einer Aura des Lachens umgeben sein. Alle Menschen, die mit anderen Menschen lachen wollen, sollen sich an einem Tag treffen. **Ein Weltlachtag,** das ist unser Plan. Er soll immer am zweiten Sonntag im Januar stattfinden, damit jedes Jahr mit einem Lachen rund um den Globus beginnt. In Indien wollen sich an diesem Tag alle Lachclubs zu einem großen Lachtreffen versammeln. Unsere Freunde in den amerikanischen Lachclubs sind von dieser Idee begeistert. Wollt und könnt ihr in Dänemark mitmachen? Hahaha und hohoho, Madan.«

Natürlich kann Jan. Und wie er kann! Denn jetzt kommen ihm seine jahrelangen Erfahrungen als Werbemensch zugute. Keiner weiß besser als er, wie man eine Sache vermarktet, keiner weiß besser, wie man die Medien gewinnt. Und er gewinnt sie alle. Bereits Wochen vor dem weltweiten Lach-Event gibt er Fernseh- und Rundfunkinterviews, spricht über »die weltweite Lachaura«, erzählt von seinem Plan, dass sich möglichst viele Menschen an jenem zweiten Sonntag im Janaur auf dem Kopenhagener Rathausplatz **zum globalen Lachen treffen** sollen. »Je mehr es sind«, sagt er in die Mikrofone und diktiert es den Journalisten in ihre Blöcke, »desto dichter wird diese um die Erdkugel reichende Aura.«

Angesteckt von der Idee, rühren Dänemarks Medien zusammen mit Jan die Werbetrommel für den »Sonntag des Lachens«. Selbst der Verleger der *Information*, Dänemarks großer linksliberaler Tageszeitung, ist vom Lachfieber angesteckt und schreibt auf der ersten Seite seines Blatts den wohl weltweit ersten politischen Lachkommentar: »Die Linke hat es seit Urzeiten nicht mehr getan. Die Rechten haben es noch nie getan. Die Alternativen haben es seit der Aufstellung der Atomraketen und der Atomkraftwerke nicht mehr getan. Aber morgen wird es passieren, morgen werden alle Menschen lachen...«

Und dann ist es morgen. Und Jan traut seinen Augen nicht. Was er sieht, stellt alles in den Schatten, was der Westen bislang in Sachen Lachen gesehen hat. Menschen über Menschen, die alle seinem Lachlockruf gefolgt sind, Hunderte, Tausende ... »30 000 beim Weltlachtag auf dem Rathausplatz«, melden am Tag danach die Zeitungen, Dänemarks meinungsbildende Blätter *Berlingske Tidende*, *Dagbladet Information* und *Politiken* machen mit halbseitigen Fotos vom Lachevent die Titelseite auf. Jan bekommt sogar einen Telefonanruf aus Argentinien. Freunde haben ihn dort als Vorlacher im Fernsehen gesehen. Kein Wunder, denn CNN war ebenfalls mit von der Partie, um **die frohe Lachbotschaft** weltweit zu verbreiten. »In nationalen Nachrichtensendungen«, melden die Mediendienste, wurde von Japan bis Jamaika über die dänische Megalacherei berichtet.

Aber auch akribische Erbsenzähler sind mit dabei. Vom Rathausturm herab fotografieren sie im Minutentakt die Massen. Tage später wird in der Redaktion des *Guinness Book of Records* Kopf für Kopf nachgezählt und festgestellt, wie viele Menschen sich ganz genau und gleichzeitig zum Lachen auf dem Radhusplatz aufgehalten haben. Die Statistiker kommen auf 8200. Das bedeutet einen Rekord und den entsprechenden Eintrag in der nächsten Guinness-Ausgabe. Soviel Lachen steckt an. Überall in Dänemark schießen in den nächsten Wochen Lachclubs aus dem Boden: in Gilleleje, in Herning, in Kokkedal, in Christianshavn und in sechzehn anderen Städten.

Vom Erfolg beflügelt, sinnt Jan auf neue Taten. Einen Danmark's Latter Dag, einen dänischen Lachtag beispielsweise, denn nur einmal im Jahr ein Weltlachen, um die Massen lachen zu machen, das ist ihm zu wenig. Passend findet er den 5. Juni, in Dänemark Verfassungs- und damit Feiertag. Und so stülpt er dem politischen noch einen lachhaften Anlass über, erklärt den Grundlovsdag zum dänischen Lachtag.

Wieder müssen die Medien informiert und vor allem zum Mitmachen motiviert werden. Und weil Jan die Branche wie seine Hosentasche kennt, weiß er, dass das nur mit neuem Futter möglich ist. Neues Futter also: Vier Tage vor dem geplanten Großlachtag rücken Fernsehteams und Rundfunkreporter vor seinem Haus in Kopenhagen an, um zu berichten, wie Jan und die Mitglieder des Lachclubs mit einer Elektrosäge das Türschloss aus seiner Haustür sägen, wie Jan das Schloss an ein pinkfarbenes Band bindet und es sich um den Hals hängt. »Wer lacht, wer jemanden anlacht, demonstriert Offenheit den anderen gegenüber«, erklärt er und will die Aktion »Jans offene Tür« als Symbol für »Ich bin offen« verstanden wissen.

Seitdem ist Jans Haustür nur angelehnt, seitdem kann, wer will, einfach in Jans Wohnzimmer hineinspazieren. Jans teure Stereo-Anlage, sein Computer und etliche Designer-Lampen stehen immer noch an ihrem Platz. Und das, obwohl Jan in den letzten Tagen selten zu Hause ist. Tagsüber hängt er Plakate in Cafés, Schulen und in der Uni auf – »Danmark's Latter Dag, Mandag 5. Juni, Klokken 16.00, Pavillonen i Fælledparken« –, nachts zieht er durch die Kneipen und verteilt taschenweise Flugblätter mit dem gleichen Text: »Dänischer Lachtag, Montag 5. Juni, 16 Uhr, Pavillon im Fælledpark.«

Und dann ist er da, der Montag, der dänische Lachtag. Drei Uhr nachmittags ist es schon, alle Skandinavientiefs haben ein Einsehen mit Jan und ziehen Richtung Ostsee ab, gegen halb vier spannt sich ein italienisch blauer Himmel über Kopenhagen. Rundfunk und Fernsehen sind auch schon da und werden mit den Abendnachrichten Jans Lachbotschaft ins Land zwischen Seeland, Lolland und Jütland schicken. Vielleicht sogar mit der Meldung, dass die Rekordzahl der Lacher in der nächsten Ausgabe des Guinness-Buchs nach oben korrigiert werden muss. Doch Jan hat jetzt nur eine Sorge: »Wird sich die weite Wiese im Fælledpark mit lachwilligen Menschen füllen?«

Sie wird. Von allen Seiten strömen sie herbei, junge und alte Menschen, Väter, Mütter und ihre Kinder, manche haben sogar die Oma oder den Opa mitgebracht. Und Liebespärchen, die jetzt noch heftig schmusen, weil sie doch nachher lachen müssen. Selbst aus Schweden – aus Malmö – und sogar aus Norwegen sind einige Lachnarrische herübergekommen. Manche kennen sich in der Lachszene schon richtig gut aus und halten deshalb Papu, den einzigen Inder weit und breit, für einen Abgesandten von Doktor Kataria. Ein besonders erfahrener Vorlacher, womöglich sogar ein Lachchampion, den Jan aus dem fernen Bombay hat einfliegen lassen?

»Vielleicht solltest du dir eine zweite **Karriere als Lachguru** aufbauen, du kommst hier im Westen gut an«, frotzle ich.

»Das werde ich«, gibt Papu zurück. »Sobald unser Buch fertig ist. Und dann musst du alles neu schreiben, weil du den Lachchampion Papu Mondhe in deinem Text übersehen hast.«

Doch gottlob ist es noch nicht ganz so weit. Noch ist Papu Fotograf, der sich jetzt auf seine Arbeit vorbereitet, Filme in die Kamera einlegt, Weitwinkel- gegen Teleobjektive und Teleobjektive wieder gegen Weitwinkelobjektive austauscht, Polfilter putzt.

Mittlerweile wächst die Wiese mehr und mehr mit Menschen zu. Manche haben irgendetwas Lustiges mitgebracht, eine Schielbrille, die sie jetzt aufsetzen, oder eine lange rote Nase. Da drüben hat einer eine Fahne mit einem orangegelben, lachenden Kürbis bemalt, die jetzt im Wind flattert. Ranke, eine Freundin von Jan, läuft mit einem großen Wollkorb vor dem Bauch durch die Menge und verkauft für eine Krone Buttons zum Anstecken: eine breit grinsende Zitrone, das Logo der

dänischen Lacher, eingerahmt vom Motto des Tages: *Led meg mig –*
»Lach mit mir«.

Dann ist es auch schon zwanzig nach vier, Jan steigt auf zwei zur kleinen Bühne zusammengerückte Tische, spricht ein paar Sätze ins Mikrofon, gibt den immer noch in Scharen herbeiströmenden Menschen ein neues Motto für die nächste halbe Stunde mit: *»Fake it, until you make it«*, was man ungefähr mit »Tu so, bis du richtig lachst« übersetzen könnte. Schließlich springt auch noch Jans Co-Animateur Kristoffer auf den Tisch, ein junger Typ mit rotblondem, in alle Richtungen abstehendem Schopf. Und nun geht es endlich los: Jan und Kristoffer führen im Fælledpark vor, was der indische Doktor im Lokhandwala Park aus dem Yoga entwickelt und Jan in Bombay beigebracht hat. Und alle machen mit: beide Arme strecken, hoch über den Kopf heben, dabei einatmen, Arme herunterschwingen lassen, ausatmen. Dreimal, viermal, fünfmal. Und weil tausend oder mehr Menschen es gleichzeitig tun, ist es, als ob Wind durch die Bäume des Parks und über die Wiese rauschen würde.

Dann Wechsel: schnelles rhythmisches Lachen. *Haha, hohoho. Haha, hohoho. Haha, hohoho.* Dabei in die Hände klatschen. *Damdam, dadada, Damdam, dadada, Damdam, dadada.*

Nächste Übung: hohes Lachen, eine Art Kichern. *Hihihihihihihhi.* Zwanzig Sekunden, dreißig Sekunden. *Hihihihihihi.*

Wieder Wechsel: Klatschen, Lachen. *Haha, hohoho. Haha, hohoho. Haha, hohoho.* Lachen, Klatschen.

Dritte Übung: tiefes Lachen. Jan nennt es **Nikolauslachen**. Mit nach vorn gewölbtem Bauch. *Ho hoho, Ho hoho, Ho hoho.* Dumpfes Grummeln rollt über die Wiesen, als ob alle Bären Skandinaviens sich hier versammelt hätten. *Ho hoho, Ho hoho, Ho hoho.*

Nächster Wechsel: Klatschen und Lachen, Lachen und Klatschen. *Haha, hohoho. Haha, hohoho. Haha, hohoho.*

So geht es weiter, noch zehn Übungen lang. Hände weit vor dem Bauch verschränken, als würde man einen großen Sack vor sich hertragen, und sich dann vor Lachen ausschütten. Begrüßendes Lachen, sich gegenseitig die Hände schütteln und erfreut anwiehern. *Ha ha, ha ha haa.*

Zwischendurch innehalten, alle klatschen wieder. *Haha, hohoho.*

Anschwellendes Lachen. Es beginnt ganz leise wie fernes Summen – *Hm hm, Hm hm, Hm hm* –, wird lauter, steigert sich, findet in einem tosenden Crescendo seinen Höhepunkt.

Dann wieder Klatschen. *Haha, hohoho. Haha, hohoho.* Jetzt kommen sogar Übungen mit direktem Körperkontakt an die Reihe, im eher konservativen Indien sind sie unbekannt. Jans Lachclub hat sie für den Westen entwickelt. »Zwei Männer oder zwei Frauen umarmen sich«, erklärt er, »umarmen sich wie gute Freunde, die sich lange nicht gesehen haben und jetzt begrüßen. Dabei lachen sie. Achtet darauf, wie ihr das Lachen des anderen spürt. Und los!« *Hohohohoho, hahahahahah.* Dann werden die Partner getauscht, jetzt umarmen sich Männer und Frauen. Und weiter geht es. *Hohohohoho, hahahahahah.*

Die Dänen sind **hemmungslos** und machen zu Hunderten begeistert mit. Sind begeistert, wie intensiv man das Schwingen und Vibrieren von Lunge, Zwerchfell und Bauch des anderen auf seinem eigener Brust, seinem eigenen Bauch spürt. Noch intensiver geht es nicht.

Haha, hohoho. Haha, hohoho. Haha, hohoho.

Und ob es intensiver geht! Lachmeister Jan fordert die schon halb Lachtrunkenen auf, sich in kleinen Gruppen zu fünft oder zu sechst im Kreis auf den Rasen zu setzen: »Niemand muss lachen, aber wer lachen will, darf lachen, so viel er will. Sprechen ist jedoch strikt verboten.« Schweigend sinken Hunderte ins Gras, scharen sich zu Grüppchen zusammen, sehen sich an. Es dauert keine zehn Sekunden, da kommt ein erstes, an eine anfahrende Dampflok erinnerndes, kicherndes *Pfff pff,*

Pfff pff, Pfff pff aus der Mitte der Menge. Zehn Meter weiter findet jemand diese sehr eigenartige Art des Lachens sehr lustig und fällt mit lautem, anschwellendem *Hhä hhä hhä, Hhä hhä hhä* ein, findet fünf Meter weiter seinen *Hihihi*-Mitlacher. Und schon ist der Damm gebrochen. Ein **rauschendes Lachen** flutet über die Wiese – stünden Otto und Jürgen von der Lippe auf der Bühne, die Lachsalven könnten nicht heftiger sein. Fünf Minuten geht das so, zehn Minuten, anschwellend, abschwellend, losplatzend, mal mehr an der einen Ecke der *Laugh Parade*, mal mehr an der anderen, mal gleichzeitig überall. Keiner kann sich entziehen, ein Kameramann des dänischen Fernsehens wird von seinem Tonmann angehalten, damit die Bilder nicht allzu sehr verwackeln. Nach zwanzig Minuten haben auch die letzten ausgelacht.

Und Jan? Der hat für heute noch einen abschließenden kleinen Auftritt vorbereitet. Er zieht aus seiner Jackentasche einen **knallroten Lachsack,** hängt ihn an das Band mit dem Türschloss, hält das Mikrofon davor: *Hähähähähähähä*, scheppert es über Kopenhagen hinweg. Eher verhaltenes Lachen und Schmunzeln über den Gag. Dann ist für heute Schluss mit lustig im Fælledpark.

Was den Eintrag im Guinness-Buch angeht, muss der fürs erste nicht korrigiert werden. Zweitausend mögen es schon gewesen sein, die heute abgelacht haben. Aber die Rekordmarke vom Januar wurde längst nicht erreicht. Jan ist darüber keine Spur traurig. Warum auch? Er ist bereits mit den Veranstaltern des Roskilde Festival, einer Art skandinavischem Woodstock, in Verhandlungen. Dort sollen sich im nächsten Jahr zwischen den Auftritten von Whitesnake und Metallica hunderttausend Fans in ein Zeitalter des Lachens hineinlachen. Sehr rekordverdächtig! Wäre da nicht Madan Kataria. Er plant Jahr eine internationale Lachmeisterschaft in Goa. Und in Indien, das wissen wir, kommen die ganz großen Massen, wenn der **Spirit of Laughter** ruft. Pardon, lacht!

Der Tanz der lachenden Alten

Wie zwei Navajo-Mädchen einen Kaugummi bekommen und dennoch nicht mal schmunzeln. Warum am heiligen Platz Yakatas für die Sonne gelacht wird und ein Erdmensch vom Volk der Azteken die Geschichte vom Kojoten und der Klapperschlange nicht erzählen darf.

Dinosaur tracks, 4 miles, stand auf einem von der Sonne und vom heißen Wind gebleichten Holzbrett. Irgendwann hatte es irgendjemand an einen Holzpfosten genagelt und mitten in die steinige Wüste an den Straßenrand gestellt. Dinosaurierspuren, das hatte ich noch nie gesehen. Also auf die Bremse getreten, den Rückwärtsgang eingelegt und die paar Meter bis zur Abzweigung zurückgestoßen. In den sandigen Weg eingebogen und in gemächlichem Tempo – mehr erlaubte die löcherige Piste nicht – die vier Meilen bis zu den Dinos gefahren. Links und rechts des Wegs lagen hingeworfene Felsbrocken, groß wie Häuser, in ihren Schatten scharten sich ihre kleineren Brüder zu Millionen. Die kinderfaustgroße Rennmaus lebt in diesem felsigen Reich. Sie frisst Körner und Käfer und wird ihrerseits von der Diamant-Klapperschlange gejagt und gefressen. Die Klapperschlangen sind den Hopi und den Navajo, die hier draußen in den Wüsten Arizonas leben, heilig. Sie bringen ihre Gebete und Bitten um Regen zu der »großen Kraft«, die es dann regnen lässt.

Am Ende der Staubstraße zu den Dinospuren parkte ein verbeulter und verrosteter Pick-up, dessen Baujahr sicher schon ein halbes Menschenleben zurücklag. Keine zehn Schritt hinter ihm waren vier mannshohe Holzpflöcke in den kargen Boden gerammt. Sie trugen eine blutrote Stoffdecke, ein Sonnendach für den auf dem Boden kauernden alten Mann mit langen pechschwarzen Haaren und blutrotem Stirnband. Vor sich hatte er eine Schachtel stehen, eine Art Kasse, wie sich herausstellte. Auf dem Deckel des Kartons lag ein verwittertes Holzbrett mit dem Hinweis: *Guide to Dino – 5 Dollar*, aufgemalt mit matter weißer Farbe.

Als ich ausstieg, würdigte mich der alte Navajo keines Blickes. Ich kam näher, aber seine Augen hingen am Horizont, hingen auch noch am Horizont, als ich schon vor ihm stand. Mit einer knappen Handbewegung deutete er, ohne mich anzusehen, auf einen abgegriffenen Zettel, der, von einem Stein beschwert, neben ihm auf dem Boden lag. Darauf stand, dass der Weg zu den Dinosaurierspuren eine Meile weit durch ein Geröllfeld führe, dass er unpassierbar für Rollstuhlfahrer und zu anstrengend für Menschen mit Herzproblemen und Herzschrittmachern sei. Ferner wurde darauf hingewiesen, dass der Weg durch heiliges Navajo-Land führe und man deshalb respektvoll alles an seinem Platz lassen solle, also weder Steine noch Sand als Souvenir mitnehmen dürfe. Außerdem war darauf zu lesen, dass der Weg weder markiert noch ausgeschildert sei, es also eines Führers durch die Steinlandschaft bedürfe.

Ich gab dem Alten die geforderten fünf Dollar, er nahm das Holzbrett vom Karton und steckte die Geldscheine in einen ausgeschnittenen Schlitz. Er hatte immer noch kein Wort mit mir gesprochen. Statt dessen stieß er einen gellenden Pfiff zwischen seinen braungelben Zahnstummeln hervor, worauf zwei Mädchen, beide so um die zehn, aus dem rostigen Pick-up kletterten, Hand in Hand zu uns herüberkamen und mir mit einem Wink bedeuteten, dass sie meine Führer seien. Die hochstehende Sonne zauberte einen blauen Schimmer auf ihre glatten schwarzen, zu Zöpfen geflochtenen Haare, blau wehten ihre

Kleidchen im Wind. Beide waren in dem steinigen Gelände barfuß unterwegs. Dennoch sprangen sie schnell wie Gazellen in das Geröllfeld hinein, bogen hinter großen Felsen ab, sprachen nur sehr wenig miteinander und kein Wort mit mir.

So ging es eine halbe Stunde durch glühende Wüstenhitze. Plötzlich blieben die Navajo-Kinder, immer noch Hand in Hand, in einer sanften Talmulde auf einer tennisplatzgroßen Felsplatte stehen. Mit einem knappen »Here« machten sie mich auf die versteinerten Spuren der urzeitlichen Giganten aufmerksam: breit und lang wie Luftmatrazen, aber im endlosen Steinmeer erst zu entdecken, wenn man direkt davorstand. Mit drei mächtigen Zehen, dick wie Oberschenkel, die Krallen noch deutlich zu erkennen. Dann liefen die beiden kreuz und quer durch das felsige Feld, zeigten immer wieder vor sich auf den Boden. Und immer waren es neue steinerne Abdrücke, die es da zu entdecken gab. Zwischen all den riesigen auch kleine, von Dinokindern, aber trotzdem groß wie von einem Froschmann mit Flossen. Der Wind wehte heiß und scharf über die steinerne Ödnis. Es war, als flüsterte einem ferne Vergangenheit über Jahrmillionen hinweg zu.

Ob ich sie denn zusammen mit den Dinospuren fotografieren dürfe, fragte ich die beiden. Sie nickten, stellten sich Hand in Hand in Pose, blickten ernst in die Kamera, ohne zu lachen, bekamen dennoch einen Kaugummi, nahmen ihn, **lachten immer noch nicht, lächelten nicht einmal.** Dabei fiel mir auf, dass sie den ganzen Weg über, ganz gegen die Art von Kindern in aller Welt, kein einziges Mal gelacht hatten. Ein Eindruck, der sich auf dem Rückweg bestätigte. Selbst als ich kurz vor der Rückkehr zum Ausgangspunkt mit je einem Dollar als Lohn für ihre Pfadfinderdienste um ihr Lachen buhlte, blieben ihre Gesichter regungslos. Und auch die Tüte Bonbons, die ich als letzten Trumpf aus dem Handschuhfach holte, konnte nicht einmal den Anflug eines Lächelns in ihre stoischen Gesichter zaubern.

Mit der Erkenntnis, dass Dinospuren wie zwanzigfach vergrößerte Hühnertritte aussehen und Navajo-Kinder nicht lachen, stieg ich in mein Auto, ließ den Motor an, drehte mich nochmals zu den beiden Mädchen um, winkte ihnen. Ihre kleinen Gesichter blieben stumm und unbewegt. Auf den vier Meilen Staubstraße zurück zum Schild mit dem Dino-Hinweis wurde ich mit jedem Meter trauriger. Das hatte ich noch nie und nirgends erlebt: Kinder, die nicht lachen.

Jahre später bekam ich eine mögliche Erklärung für ihr Verhalten: Ich saß in München im Kino und schaute mir *Smoke Signals* an. *Smoke Signals*, also »Rauchzeichen«, war damals der erste von Indianern geschriebene und gespielte Film. Gedreht hat ihn Chris Eyre vom Volk der Cheyenne, das Drehbuch schrieb Sherman Alexie vom Stamm der Cœur d'Alene. Die Geschichte handelt von Victor. Victor, ein junger Cheyenne, macht sich zusammen mit seinem Stammesbruder Thomas in einem Greyhound-Bus auf eine lange Reise. Sie führt vom Reservat nach Arizona, denn in Arizona ist Victors geheimnisvoller Vater in seinem Wohnwagen gestorben. Er war nach einer Brandkatastrophe, bei der einige Menschen ums Leben kamen, für immer mit unbekanntem Ziel aus dem Reservat verschwunden. Jetzt sollen Victor und Thomas seine Asche in Arizona abholen und zurückbringen. Doch die beiden mögen einander nicht besonders, denn Thomas ist dem ernsten Victor zu schwatzhaft. Und vor allem lacht er zu viel. Er lacht beispielsweise den weißen Busfahrer an: **»Lache nicht, wenn du einem Weißen begegnest,** sonst denkt der nur, du bist schwach«, herrscht Victor seinen Begleiter an. »Ein Indianer ist aber nicht schwach, ein richtiger Indianer ist stoisch. Du musst dreinschauen wie ein Krieger, der gerade einen mächtigen Büffel erlegt hat. Also hör auf zu grinsen wie ein Vollidiot.« Noch während Victor und Thomas auf der Leinwand ihr Roadmovie abspulten, fielen mir wieder die beiden Navajo-Mädchen ein: »Lache nicht, wenn du einem Weißen begegnest!«

Diese Episode wäre weiter nicht erzählenswert, hätte sie mich nicht zu **einem ganz besonderen »Lachplatz«** geführt. Und das kam so: Im Wiener Völkerkundemuseum hängt, von Punktscheinwerfern angestrahlt und hinter Panzerglas, eine aztekische Federkrone, gefertigt aus den smaragdgrün schillernden Schwanzfedern des Quetzalvogels, der den Indianern Mittelamerikas heilig ist. Die Ureinwohner Mexikos sind fest davon überzeugt, dass es sich bei dem einmaligen Stück um die Federkrone des vorletzten Aztekenherrschers Motekuhzoma handelt. Der spanische Eroberer Hernán Cortés hatte ihn mit einem hinterlistigen Trick gefangennehmen und ermorden lassen. Als Beute der spanischen Conquista gelangte die Krone zusammen mit Schiffsladungen voll Gold nach Europa, wo sie nach einer Zickzackreise durch den halben Kontinent schließlich in Wien landete.

Um diese Federkrone ist in letzter Zeit ein heftiger Disput entbrannt, denn die Indianer fordern sie von Österreich zurück. Sie haben einen Sprecher aus ihren Reihen bestimmt, der Verhandlungen mit der Museumsleitung und der Regierung in Wien führen soll. Ein nahezu aussichtsloses Unternehmen, wie sich mittlerweile zeigt.

Da ich als Journalist darüber berichtet habe, lernte ich auch Xokonoschtletl, den indianischen Abgesandten, kennen. Zuerst war »Kakteenfeige, deren Wurzeln tief in die Erde reichen« – so die Übersetzung seines Namens – mir gegenüber äußerst reserviert. Ganz offensichtlich galt auch für ihn das Gebot: **»Lache nicht, wenn du einem Weißen begegnest!«** Zumindest habe ich es damals so empfunden.

Doch die Zeit oder auch die Geister meinten es gut mit mir und Xokonoschtletl. Über die Jahre hinweg sind wir, wie wir Weißen sagen, gute Freunde geworden. »Kakteenfeige« bezeichnet das jedoch anders. Denn so ein Begriff ist einem Erdmenschen, wie die Indianer sich selbst nennen, völlig fremd, sind wir doch alle Kinder unserer Mutter Erde und damit Brüder und Schwestern. Selbst ihre Feinde betrachten sie als »Brüder, die nicht unsere Brüder sein wollen«. Weil Xokonoschtletl und ich aber Brüder sein wollen, habe ich ihn vor Jahren in seiner mexikanischen Heimat besucht. Und irgendwann erzählte ich ihm auch mein Erlebnis mit den Navajo-Mädchen. Er schwieg zuerst, dann deutete er mit ausgestrecktem Arm über die flache, weite Landschaft. »Dieses Land«, begann er, »dieses Land ist durchtränkt vom Blut unserer Ahnen. Männer sind über den großen Ozean zu uns gekommen. Sie waren hungrig und manche von ihnen waren krank. Wir haben ihnen zu essen und den Kranken unsere Medizin gegeben. Doch als sie wieder stark waren, brannten sie unsere Dörfer nieder, vergewaltigten unsere Frauen, zerstörten unsere Felder. Sie haben unsere Kinder und unsere Alten gemordet. Sie haben Verträge mit uns geschlossen, sich selbst aber nicht daran gehalten. Sie haben uns aus dem Land unserer Ahnen vertrieben, uns in Reservate gesperrt, unsere heiligen Plätze entweiht. Sie haben uns Alkohol gebracht und schlimme Krankheiten. Ich verstehe meine Navajo-Brüder sehr gut, wenn sie nicht lachen. Wir sind sehr vorsichtig geworden, wenn ein Weißer kommt.«

»Ob die Erdmenschen überhaupt lachen?« dachte ich laut nach.

»Natürlich lachen wir«, antwortete Xokonoschtletl. »Wir lachen sehr viel, es gibt bei uns sogar **Tänze, bei denen wir mit Lachen die Sonne verehren.**«

Das hatte ich noch nie gehört. Ich wollte mehr darüber erfahren, aber Xokonoschtletl meinte, jetzt sei nicht der richtige Zeitpunkt, um darüber zu sprechen. Also fragte ich nicht weiter.

»Du wolltest wissen, wie meine Brüder mit Lachen die Sonne verehren«, sagte Xokonoschtletl irgendwann Jahre später zu mir, als wir in der Gegend von Mexico City unterwegs waren, um eine aztekische Tempelanlage zu besuchen. Am Fuß des Bauwerks hatten die Bildhauer der

Vergangenheit ein riesiges Schlangenrelief aus dem Stein gemeißelt. Und das interessierte mich. Dass zwischen der steinernen Schlange und dem Lachtanz ein Zusammenhang besteht, wusste ich damals noch nicht.

»Ich werde morgen meine Brüder Purepecha besuchen. Sie waren früher ein mächtiges Volk, die einzigen, die nicht zum Reich der Azteken gehörten. Sie leben in Michoacan, das bedeutet, ›der uralte Platz, wo Fische gefunden werden‹. Es gibt dort einen See und einen heiligen Ort. Die Purepecha nennen ihn Yakatas. Dort werde ich hinfahren. Es ist sehr wichtig. Wenn du willst, kannst du mitkommen.«

Natürlich wollte ich. Am nächsten Tag war der 21. März, Tagundnachtgleiche, ein zentraler Tag im Kalender der Mayas, Tolteken und Azteken. Und sicher auch ein sehr wichtiger bei den Purepecha. **»Aber was hat das alles mit Lachen zu tun?«**, wollte ich von Xokonoschtletl wissen.

»*Tzin-tzanhi*«, gab er mir zur Antwort, »*tzin-tzanhi*, wir werden für die Sonne tanzen und lachen. Warte bis morgen, du wirst schon sehen.«

Und so machen wir uns bei Sonnenaufgang auf den Weg nach Michoacan. Unser Ziel liegt von Mexico City aus knapp fünf Autostunden in nordwestlicher Richtung. Es dauert allein schon eine gute Stunde, bis man sich aus dem Gewühl der Autobahnadern, die Mexikos Kapitale durchziehen, herausgewunden und die Zwanzig-Millionen-Metropole hinter sich gelassen hat. Die Fahrt führt zunächst durch hügeliges Gelände. Die Palmen, die in Mexiko City die breiten Promenaden säumen, verschwinden allmählich, machen erst knorrigen Korkeichen und später Kiefern und Fichten Platz. Wenn man es nicht besser wüsste, könnte man meinen, die Straße winde sich durch den Hunsrück oder den Harz. In rund 2500 Meter Höhe erreicht man dann den Patzcuarosee. Er liegt inmitten von Wäldern, rund um den See heben erloschene und aktive Vulkane ihre Häupter in den Himmel.

Hier leben die Purepecha. Wie vor tausend Jahren gehen die meisten von ihnen auf Entenjagd oder fahren mit ihren kleinen Einmannbooten weit hinaus aufs Wasser, um mit Netzen, die entfernt an riesige Schmetterlinge erinnern, Fische zu fangen. Xokonoschtletl kennt den Weg durch das Gebiet der Purepecha, er kennt den Weg zum Patzcuaro und von da aus zur heiligen Stätte Yakatas.

Yakatas, das ist die erste und hier auch die einzige Ebene einer Teokalli, einem »großen Bauwerk, wo Kraft ist«, wie die altamerikanischen Stufenpyramiden in der Nahuatl-Sprache heißen. Etwa zehn Meter hoch, oben flach und so groß wie ein halbes Fußballfeld. Als wir gegen Mittag ankommen, stehen schon mehrere tausend Purepecha rund um das Bauwerk, während sich oben auf dem Plateau Hunderte von Tänzern aufhalten. Viele von ihnen haben bereits ihre Tanzmasken aufgesetzt, meist grimmig geschnittene, **bunt bemalte Holzfratzen,** die den Wind, das Feuer der Vulkane und verschiedene Sterne symbolisieren. Dann tritt einer der Tänzer vor, setzt mit kräftiger Stimme zu einer Rede an, deren Sinn mir Xokonoschtletl später übersetzt:

»Verehrte Mutter Erde, hier sind wir heute versammelt: Jäger, Fischer, Bauern, Tuchweber, Lehrer und Häuptlinge, Kinder, Frauen, Männer und alte Menschen. Wir haben uns versammelt, um dich zu verehren, so wie unsere Ahnen es uns gelehrt haben, und wie wir es die lehren werden, die nach uns kommen und uns als ihre Ahnen bezeichnen. Verehrte Mutter Erde, wir sagen dir nun, dass wir tanzen wollen, und bitten dich gleichzeitig um Erlaubnis. Denn mit unseren Tänzen gedenken wir deiner, und wir gedenken Vater Sonne. Wir wissen, dass wir eure Kinder sind, und bitten darum, dass ihr uns nicht vergesst. Mit unserem Tanz zeigen wir dir unsere Dankbarkeit. Und mit unserem Tanz zeigen wir Vater Sonne unsere Dankbarkeit.«

Kaum hatte er geendet, ließen Dutzende von hölzernen Trommeln, von Handballen geschlagen, ihr mächtiges Donnergrollen dumpf über den Festplatz rollen. Der Herzschlag von Mutter Erde. Unterstützt von Muschelhornbläsern, deren Klänge die Unendlichkeit des Universums symbolisieren, und begleitet von Hunderten von Tänzern, die sich büschelweise Rasseln um die Fußgelenke gebunden hatten und bei jedem Tanzschritt ein Getöse veranstalteten, als wären alle Klapperschlangen Mexikos gleichzeitig aus ihren Felslöchern hervorgekrochen.

Doch was ist da plötzlich für ein seltsamer Tänzer? Und da drüben noch einer? Gebückt und kaum größer als ein Kind, die eine Hand in die Hüfte gestützt, das andere Bein lahm hinterherziehend, der eine am Stock, der andere zitternd. Holzmasken mit warzigen Nasen und Zahnlücken vor dem Gesicht. Mit verkrümmten Fingern, als sei die Gicht ganz schlimm über sie gekommen. In weite Decken gewickelt, wie es die Art alter Männer ist. Aus allen Ecken hinken sie hervor, bucklig und krumm. Jetzt sind es schon zehn oder zwölf, die lahm und zittrig über den heiligen Platz schlurfen. **Doch was ist das?** Die Alten wollen auch tanzen! Ungelenk bewegen sie sich zum Schlag der Trommeln, verrenken sich dabei, mimen täuschend echt ein Nervenreißen, stolpern, fallen hin, rappeln sich auf. Raffen sich auf, weil sie da drüben ein junges, hübsches Mädchen gesehen haben, hinken ihr hinterher, holen sie fast ein. Wollen ihre Haut berühren, wollen vielleicht sogar mehr, stolpern, fallen hin.

Die zu Tausenden versammelten Purepecha haben sich in einem großen Kreis aufgestellt, weil der Kreis das Leben und den Kosmos symbolisiert: »Unsere Mutter Erde hat keine eckigen Schwestern und keine eckigen Brüder hervorgebracht«, sagen sie. »Die Wirbel des Wassers, die Wolken, die Steine, die schlafende Schlange, ja selbst Mutter Erde ist rund wie ein Kreis.« Jetzt johlen und toben sie, lachen über die senilen, debilen und dennoch geilen Alten, die in der Mitte des Kreises hin und her taumeln, **schütten sich schier aus vor Lachen.** Verletzen ein Tabu der Erdmenschen: sich über die Alten lustig zu machen.

»Wir sprechen von unseren Alten mit großem Respekt und großer Anerkennung. Wir sagen zu ihnen ›sehr verehrtes Mütterlein‹ oder ›sehr verehrtes, hochgeehrtes altes Väterlein‹. Denn wir wissen, dass uns die Alten mit ihrem Wissen und ihrer Weisheit ernähren. Wir sprechen von Huehueteotl, das heißt ›verehrte alte Kraft‹. Wer sie verehrt, verehrt auch die alten Menschen. Und wer die alten Menschen verehrt, der verehrt das Leben.«

Und hier? Hier lachen alle über den *tzin-tzanhi*, den **»Tanz der lachenden Alten«**. Lachen über ihre Gebrechlichkeit, ihre Tapsigkeit, ihre Ungeschicklichkeit. Wie passt das zusammen?

»Das hat damit zu tun, dass wir mit dem Lachen die Sonne verehren«, erklärt mir Xokonoschtletl. »Wir lachen nicht *über* die Alten und *über* die Sonne, sondern *für* die Alten und *für* die Sonne. Denn die Sonne ist noch viel älter als alle Alten und sie symbolisiert sehr große Weisheit.«

Vielleicht finden die Purepecha den Tanz der lachenden Alten deshalb so lustig. Jedenfalls lachen sie, lachen aus voller Kehle, lachen, dass es bis zum Himmel hallt. Und das soll es auch: Bis hoch zum Himmel hallen und noch weiter bis zu Vater Sonne. Denn ihr Lachen ist ein Lachen für ihn. Deshalb findet dieser *tzin-tzanhi* nur zu besonderen kosmischen Anlässen statt: nach einer Sonnenfinsternis beispielsweise, aus Freude darüber, dass die Sonne wieder zurückgekommen ist. Oder, wie heute, bei Tagundnachtgleiche.

Gut eine halbe Stunde lang drehen die als griesgrämige Greise verkleideten jungen Männer ihre kuriosen Tanzfiguren. Gut eine halbe Stunde lang schicken die Purepecha aus tausend Kehlen ihr Lachen der Sonne entgegen. Dann übernehmen wieder andere, wildere Tänzer die Bühne. Bis die »lachenden Alten« nach einiger Zeit zurückkommen, hinken, humpeln und die Zuschauer zu neuen **Lacheruptionen** treiben. Insgesamt dreimal wird dieser Tanz getanzt, insgesamt dreimal lachen sich die Purepecha in eine Lachorgie: einmal für die Sonne, die von Anfang an da war, dann für die Sonne, die jetzt zusammen mit den Menschen, Tieren und Pflanzen da ist, schließlich für die Sonne, die bis ans Ende der Zeit da sein wird.

Auf dem Rückweg nach Mexico City. Es ist Nacht geworden, von Hunsrück und Harz ist außer den Silhouetten der Fichten vor dem helleren Himmel nichts zu sehen.

Wenn Xokonoschtletl Lust dazu verspürt, spricht er sehr gern und sehr ausführlich über die alte Kultur seines Volkes. Und heute verspürt er ganz offensichtlich große Lust. Er erklärt mir, dass dem alten Wissen seiner Ahnen zufolge eine kosmische Schlange vom Himmel herabkriecht und sich mit der Erde verbindet. Das geschieht zweimal im Jahr. Immer, wenn Tag und Nacht gleich lang sind. Die Weisen haben deshalb vor langer Zeit bestimmt, dass immer dann ein neues Jahr zu beginnen habe. Und ein neues wäre doch ein guter Grund zum Feiern und zum Lachen. Deshalb auch der *tzin-tzanhi*.

»Haben die Navajos ähnliche Feste, bei denen so viel gelacht wird?« wollte ich von meinem Erdmensch-Begleiter wissen.

»Nein«, sagte Xokonoschtletl, »aber sie erzählen sich heilige Geschichten, über die sie sehr viel lachen.«

»Und was sind das für Geschichten?«

»Geschichten vom listigen Kojoten. Er ist so eine Art heiliger Clown und großer Zauberer, der allerlei Schelmenstücke vollbringt.«

»Kennst du eine?«

»Ich kenne sogar eine ganze Menge. Es gibt fast so viele, wie es Kojoten gibt. Die Brüder Shoshonen erzählen sich Kojoten-Geschichten und die Brüder Pawnee, die Brüder Lakota und die Brüder Apachee. Auch die Brüder Navajo.«

»Und welches ist deine Lieblingsgeschichte?«

»Am besten gefällt mir die Geschichte von Kojote und Klapperschlange, in der Klapperschlange Kojote zum Narren hält.«

»Erzähl sie mir doch bitte!«

»Nein, das geht nicht. Eine Geschichte von Kojote darf nur nach dem ersten Frost im Spätherbst und vor dem ersten Gewitter im Frühling erzählt werden. Wir sind diesmal also zu spät dran. Warten wir, bis es wieder Winter wird.«

So fuhren wir durch die Frühsommernacht zurück nach Mexico City. Irgendwann bin ich neben Xokonoschtletl auf dem Beifahrersitz eingeschlafen.

Sachen übers Lachen

Wie ein Kojote so tut, als ob er eine Schlange wäre. Was alle anderen Tiere zum Lachen und ein paar Schimpansen zum Kreischen bringt. Womit aber ein Benediktinermönch gar nicht einverstanden ist.

Mittlerweile war es Winter geworden. Längst war ich wieder in München, saß an meinem Schreibtisch und schrieb zusammen, was Papu und ich das Jahr über bei heiteren Menschen erlebt hatten. Da bekam ich Post aus Mexiko. Der Absender: Xokonoschtletl.

»Erinnerst du dich noch an unsere Rückfahrt von den Purepecha nach Mexico City?« schrieb er. »Du wolltest eine Geschichte vom listigen Kojote hören. Jetzt endlich ist es so weit. Ich darf sie Dir erzählen, so wie wir es von den Ahnen gelernt haben. Es ist kalt geworden bei uns in den Bergen. Und wir hatten schon die dritte Nacht Frost.« Ein zweiter Bogen war in den ersten gefaltet, ich öffnete ihn, wollte weiterlesen, entschied mich dann aber, sie mir als Gutenachtgeschichte für den Abend aufzuheben. Am Abend dann las ich:

Was uns die Alten von Klapperschlange und Kojote erzählen, ist folgendes: Eines schönen Tages war Kojote auf der Jagd und traf Klapperschlange. Er blieb einige Zeit bei Klapperschlange stehen, um mit ihr zu reden. Kojote sprach gerne mit anderen Tieren, denn dann konnte er ihnen zeigen, wie schlau er und wie dumm sie waren. Kojote sagte also zu Klapperschlange: »He, Klapperschlange, ich habe heute auf der Jagd gute Beute gemacht. Komm doch morgen zu mir, dann können wir zusammen essen.«

Klapperschlange überlegte einige Zeit, wie es so ihre Art ist, dann nahm sie die Einladung an. Am folgenden Tag kroch Klapperschlange hinüber zu Kojotes Haus. Weil sie aber keine Hände und keine Pfoten hatte, konnte sie nicht anklopfen. Deshalb hob sie ihr Schwanzende und begann zu rasseln.

»Das gefällt mir gar nicht«, dachte sich Kojote, als er das Geräusch hörte, und wollte die Tür erst nicht aufmachen. Doch Klapperschlange hatte einen Spalt zwischen den Brettern seiner Hütte erspäht und kam bereits hereingekrochen. »Ach, das ist aber eine Freude, dass du meine Einladung angenommen hast«, heuchelte Kojote. »Du musst wohl großen Hunger haben, weil du schon so früh gekommen bist. Warte noch kurz, das Essen ist gleich fertig.«

Klapperschlange hörte auf zu rasseln und rollte sich vor Kojotes Feuerstelle ein. »Warm hast du es hier, Bruder Kojote, hier gefällt es mir sehr gut.«

»Und ich habe dir auch etwas sehr Gutes gekocht, es wird dir sicher schmecken«, heuchelte Kojote weiter. In einem großen Kessel, größer als Klapperschlange, lagen süße Kartoffeln und ein heißes, über dem Feuer gebratenes Kaninchen. »Hier, liebe Schwester Schlange, das ist für dich«, grinste der schlaue Kojote und konnte sich das Lachen kaum verkneifen.

Aber Klapperschlange wurde ärgerlich und begann wieder zu rasseln, so dass Kojote richtig Angst bekam. »Dein Essen ist mir fremd, ich werde es nicht essen können«, zischte Klapperschlange.

»Was esst ihr Schlangen denn?« wollte Kojote wissen.

»Gelbe Maisblüten«, antwortete Klapperschlange verschmitzt.

Kojote wunderte sich sehr, denn das hatte er noch nie gehört. Aber er ging los und holte Maisblüten für Klapperschlange.

»Du musst sie mir aufs Maul legen, sonst kann ich sie nicht fressen«, sagte Klapperschlange und begann wieder zu rasseln. Kojote bekam es jetzt richtig mit der Angst zu tun und machte einen Satz nach hinten. »Komm, hilf mir schon, ich habe Hunger«, sagte Klapperschlange und schlich näher an Kojote heran. Der nahm allen Mut zusammen und legte, so schnell er konnte, ein paar Maisblüten auf das Maul von Klapperschlange. Klapperschlange tat so, als ob sie die Maisblüten essen würde, dann sagte sie: »Ich bin satt und müde, ich gehe jetzt in meine Höhle.«

Kojote überlegte, welche Angst ihm Klapperschlange eingejagt hatte, und sann auf Rache. Einen Mond später war Kojote wieder auf der Jagd, und wieder traf er Klapperschlange, die ihn freundlich begrüßte: »Heute habe ich gute Beute gemacht, deshalb möchte diesmal ich dich einladen, Bruder Kojote. Komm doch morgen in meine Höhle, dann koche ich für dich.«

»Das ist eine gute Idee, Schwesterchen«, antwortete der wieder mutig gewordene Kojote und wollte wissen: »Was gibt es denn bei euch Schlangen so zu essen?«

»Lauter Sachen, die dir schmecken werden: fette Ratten und Mäuse mit ganz zartem Fleisch.«

»Klingt nicht schlecht«, sagte Kojote, »ich bin morgen bei dir.«

Na warte, ich werde dich das Fürchten lehren, so wie du mich das Fürchten gelehrt hast, überlegte Kojote. Er holte einen hohlen Kürbis, tat ein paar Kiesel hinein und band ihn an seinen Schwanz. Dann machte er sich auf den Weg und rutschte dabei **ganz nach Art der Schlangen** auf dem Boden dahin. Als er bei Klapperschlange ankam, nahm er seinen Schwanz in die Pfoten und schüttelte ihn, damit es rasselte.

»Ich fürchte mich, wenn du das machst«, sagte Klapperschlange. Klapperschlange hatte für Kojote Mäuse auf dem Feuer, denn sie wusste, dass er Mäuse sehr gerne mochte. Doch Kojote rasselte immer lauter und zeigte seine Zähne und tat, als ob er eine Schlange wäre.

»Du machst mir richtig angst«, sagte Klapperschlange, »du solltest jetzt essen!«

»Ich vertrage euer Essen nicht«, zischte Kojote wie eine Schlange.

»Was esst ihr Kriecher sonst?« stellte Klapperschlange sich dumm.

»Gelbe Maisblüten«, gab ihr Kojote zur Antwort.

»Gelbe Maisblüten, na gut, ich will welche für dich holen«, sagte Klapperschlange und verschwand.

»Aber du musst sie mir aufs Maul legen, sonst kann ich sie nicht essen«, sagte Kojote und begann wieder heftig zu rasseln.

Klapperschlange sprang zurück und tat so, als würde sie sich sehr fürchten. Während sie Kojote Maisblüten auf sein Maul legte, konnte sie sich das Lachen kaum verkneifen. Kojote tat so, als ob er die Maisblüten essen würde. Dann bedankte er sich bei Klapperschlange und kroch auf dem Bauch zurück in seine Hütte. **»Was für ein Narr ich doch bin!** Die Schlange hatte ein gutes Essen. Eine riesige Portion. Und ich habe nichts davon gegessen. Nur weil ich ihr Angst einjagen wollte. Jetzt bin ich hungrig.« Er ging vor seiner Hütte auf die Suche nach Beute. Doch Biber und Maulwurf, Ratte und Kaninchen hatten schon von seiner **komischen Vorstellung** bei Klapperschlange gehört und begannen lauthals zu lachen, sobald sie ihn sahen. Bis zu den Bergen lachten ihm die Tiere hinterher und erst in einem anderen Tal, wo ihn keiner kannte, fand er wieder Ruhe und Achtung.

Mit dem Lachen von Biber und Maulwurf im Ohr schlief ich ein. Am nächsten Morgen schrieb ich ein paar Zeilen an Xokonoschtletl, bedankte mich für seinen Brief und für die köstliche Kojote-Geschichte und verabschiedete mich mit: »Grüß mir alle Azteken, Olmeken, Tolteken und Zapoteken.«

Vier Wochen später kam eine Postkarte zurück: »Ich habe alle Azteken, Olmeken, Tolteken und Zapoteken gegrüßt. Sie meinen: Grüß Du uns in Deinem Land alle Apotheken, Discotheken und Videotheken.«

Indianer haben also doch Humor. Aber Hand aufs Herz! Finden wir die Geschichte von Kojote lustig und richtig zum Lachen? Schlagen wir uns wie die Lakota, Pawnee oder Navajo auf die Schenkel, sobald eines seiner kuriosen Abenteuer erzählt wird? Eher nicht. Wir registrieren zwar tiefere Bedeutung oder hohe Moral, viel mehr aber auch nicht.

Dabei sollte uns Kojote bekannt vorkommen, hat er doch einen Bruder, über den wir ebenso herzhaft lachen wie die Indianer über Kojote: den dummen August im Zirkus. Der Clown will am schönsten Trompete spielen und schafft es nicht. Kojote will Klapperschlange sein und wird ausgelacht. Beide haben immer Großes vor, und wir erleben, wie es ihnen misslingt. Darüber lachen wir. **Die Erdmenschen lachen,** wenn Kojote als Folge seiner Schelmenstreiche unter die Hufe des Büffels oder in die Pranken des Bären gerät. Wir finden es lustig, wenn der Clown sich halb zu Tode stolpert, wenn Legionen von Geigen, Regenschirmen oder Kochlöffel auf seinem Kopf zu Kleinholz geschlagen werden. Wir lachen uns halb zu Tode und haben nicht einmal ein schlechtes Gewissen dabei.

Denn wir wissen: Der Clown ist unsterblich. Er rappelt sich immer wieder hoch, klopft sich das Sägemehl, in das er getorkelt, gestürzt und gefallen ist, aus den Kleidern. Geht weiter seines Wegs. Weiter bis in alle Ewigkeit. Weil der Clown unsterblich ist. Und ist er dennoch einmal tot, kommt er spätestens am nächsten Abend in die Manege zurück.

Und Kojote? Auch er ist unsterblich: »Als die anderen Tiere sahen, dass er tot war, hatten sie Angst, er könne vielleicht einen bösen Zauber gegen sie bewirken, und so machten sie ihn wieder lebendig. Das tun sie jedesmal, wenn Kojote tot ist.« So oder so ähnlich enden viele Kojote-Geschichten.

»Kojote kam bei dem Sturz um. Fuchs fand ihn, sprang viermal über ihn hinweg und erweckte ihn damit wieder zum Leben.«

Kojote hin, Clown her – richtig lustig finden wir das nicht. Vielleicht ist das ein Hinweis auf unterschiedliche Lachkulturen, dem wir später noch nachgehen wollen. Zuerst aber sehen wir uns die Gemeinsamkeiten an. Denn fest steht – das haben Verhaltensforscher mit ihren Tonbändern herausgefunden –, dass lachende Menschen sich innerhalb einer gewissen Bandbreite überall gleich anhören: die Inuit und die Purepecha, die Dänen auf dem Rathausplatz, Mister Hinduja und Parveti Nair. Gibt es also eine Art **weltweite Lachkonstante?** Eine feste Größe rund um den Globus, einerlei, ob ein Inder oder ein Indianer lacht?

Konstanten sind eine Sache der Naturwissenschaft. Am besten, wir befragen daher die Physik und die Biochemie des Lachens, zwei junge Disziplinen, erst ein knappes halbes Jahrhundert alt – und zu Beginn verlacht. Das hat sich mittlerweile geändert. Seit Ende der achtziger Jahre boomt die Lachforschung. Ihre Fragestellung: »Was passiert beim Lachen?«

Was passiert? Mit einer Folge von kurzen, vokalartigen Klängen wird Luft eingesogen und ausgestoßen: *Ha, ha, ha* und *hi, hi, hi* oder *hu, hu, hu* und *ho, ho, ho*. Jeder dieser Luftstöße hält etwa eine Zehntelsekunde an, dann erfolgt eine etwa doppelt so lange Unterbrechung. Eine Art kontrollierter Hyperventilation, durch die beim Lachen innerhalb kürzester Zeit literweise Luft in und aus den Lungen gepumpt wird. Dabei reichert sich Sauerstoff im Blut an und wird nicht umgehend verbraucht, wie das sonst bei intensiver Atmung der Fall ist: beim Joggen, beim Bergsteigen, beim Rudern.

Biophysikalisch ist Lachen einfach zu erklären: Das Gesicht rötet sich, die Oberflächentemperatur der Haut steigt – beides Hinweise auf stärkere und bessere Durchblutung –, krampfartig zucken Zwechfell und Brustkorb und ziehen die Lungenflügel zusammen, so dass die Luft mit einer Geschwindigkeit von fast 100 Stundenkilometern ausstoßen wird. Die Folge: ein abgehackt klingender Laut mit einer mittleren Frequenz von etwa 280 Hertz bei den Männern, Frauen kommen bis auf 500 Hertz hinauf. Die höchsten Töne liegen noch über denen einer Koloratursopranistin, natürlich wenn sie singt und nicht lacht. Der Puls steigt steil an, insgesamt **siebzehn Hauptgesichtsmuskeln** sind beim Lachen beteiligt. Einige davon »massieren« die Tränendrüsen, die, bereits gereizt durch den höheren Luftdruck im oberen Teil der Nase, Tränenfluss auslösen. Der venöse Blutstrom im Gehirn kühlt sich ab, das Zwerchfell vibriert, die Pupillen vergrößern sich, die Muskulatur wird schlaff. Das spürt, wer intensiv lacht, in den Beinen. Und in der Folge gelegentlich auch an der Blase. Die erschlafften Muskeln sind der Grund, warum sich kleine Kinder einfach umkippen lassen, wenn sie sich vor Lachen kaum mehr halten können. Redensarten wie »Ich bin schier umgefallen vor Lachen« oder »Du schmeißt dich vor Lachen in die Ecke« haben hier ihre Wurzeln.

Beim Lachen ist eine Abnahme der Spannung der Skelettmuskulatur zu beobachten. Darauf folgt nach etwa fünf bis zehn Sekunden ein kurzer Erschöpfungszustand – man hat sich »kaputtgelacht«. Einige Minuten kontinuierliches Lachen soll dabei den gleichen Effekt haben wie ein halbstündiges Entspannungstraining.

Während des Lachens stoppen biochemische Abläufe im Körper die Ausschüttung des hormonellen Stressauslösers Adrenalin. Stattdessen werden körpereigene Morphine, so genannte **»Glückshormone«**, produziert. Eine fröhliche Runde, in der ein Witz den nächsten jagt und die in kontinuierliches Gelächter verfällt, ist deshalb nicht nur für Witzforscher, sondern auch für Biochemiker und Mediziner hochinteressant. Lachen, so haben diese herausgefunden, stimuliert und stärkt das Immunsystem.

William Fry, in den fünfziger und sechziger Jahren Professor an der berühmten Stanford University in Palo Alto, Kalifornien, und mit seinem dort gegründeten Institut für Lachforschung Pionier in dieser Disziplin, konnte als Erster entsprechende Zusammenhänge nachweisen. Mit sich selbst als Testperson: »Ich habe mir einen Film von Laurel und Hardy besorgt, und zwar den mit meiner Lieblingsszene, in der die beiden versuchen, ein Klavier einen Hügel hochzuschieben. Ich wollte untersuchen, was genau beim Lachen im Körper geschieht. Eine Mitarbeiterin legte mir eine Kanüle in den Arm, durch die mir während des Films und nach besonders lustigen Szenen in regelmäßigen Abständen Blut abgenommen wurde. Die einzelnen Proben wurden anschließend analysiert. Mit einem sensationellen Ergebnis. Wir konnten zeigen, dass die Aktivität der **Killerzellen während der Lachphase** deutlich zunimmt. Daraufhin haben wir weitergeforscht und herausgefunden, dass die durch Lachen hervorgerufene Stimulation des Immunsystems vier bis fünf Stunden anhält.«

Experimente dieser Art wurden mittlerweile vielfach wiederholt. Alle bestätigten die extrem positive Auswirkung des Lachens. In England beispielsweise sah sich eine Testgruppe die witzigsten Szenen aus Dutzenden von Slapstick-Filmen und Komödien an. Bereits während der Vorstellung stellten die Mediziner im Speichel der Lacher eine deutliche Erhöhung der Antikörper fest. Bei der anschließenden Auswertung wiesen sie im Blut neben der signifikanten Steigerung von Lymphozyten auch den Anstieg von Wachstumshormonen nach.

Paul McGhee, neben Fry der zweite große Mann in der Lachforschung, hat auf experimentellem Weg herausgefunden, dass Lachen Schmerzen reduziert. In umfangreichen Versuchsreihen hat er die Hände von Testpersonen in kaltes, dem Gefrierpunkt nahes Wasser getaucht und die Schmerzempfindung gemessen. Wurden den Testpersonen währenddessen ständig Witze erzählt, verschob sich ihre Schmerzgrenze

Ein Mann einer mit Mission: Madan Kataria, der »Lachdoktor« aus Bombay. Mit ihm hat vor ein paar Jahren die weltweite Lachbewegung rund um den Globus begonnen.

Mister Hinduja vom Lokhandwala Laughter Club in Bombay ist Indiens bester Lacher: 1998 gewann er zum ersten Mal den Titel »All Indian Laughter Champion«.

Klamauk in der Klinik: Einmal in der Woche kommen die Clowns und sorgen dafür, dass die Kinder wieder lachen.

Albern im Altenheim: damit wieder Leben in die Bude und Stimmung ins Leben der Senioren kommt.

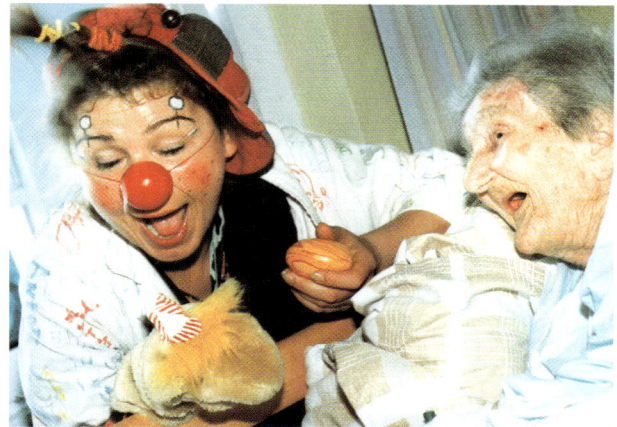

Heilen mit Heiterkeit: Vor allem bei Depressiven und Alzheimer-Patienten hat der Wirbel, den die Clowns hier veranstalten, ungeahnte Wirkung

Ha ha ha, ho ho ho. Man muß sich nicht unbedingt Lustiges erzählen, um eine geschlagene halbe Stunde herzhaft lachen zu können. Die indischen Lachclubs haben aus dem Yoga diverse Techniken entwickelt, mit denen das ganz ohne Witze funktioniert: das »argumentierende Lachen« mit vorgestreckter Hand, das »grüßende Lachen«, bei dem man laut losprustet und winkt, das nicht minder leise Löwenlachen mit herausgestreckter Zunge und eine sehr stille Variante mit den Fingern in den Ohren: »Listen to your laughter«.

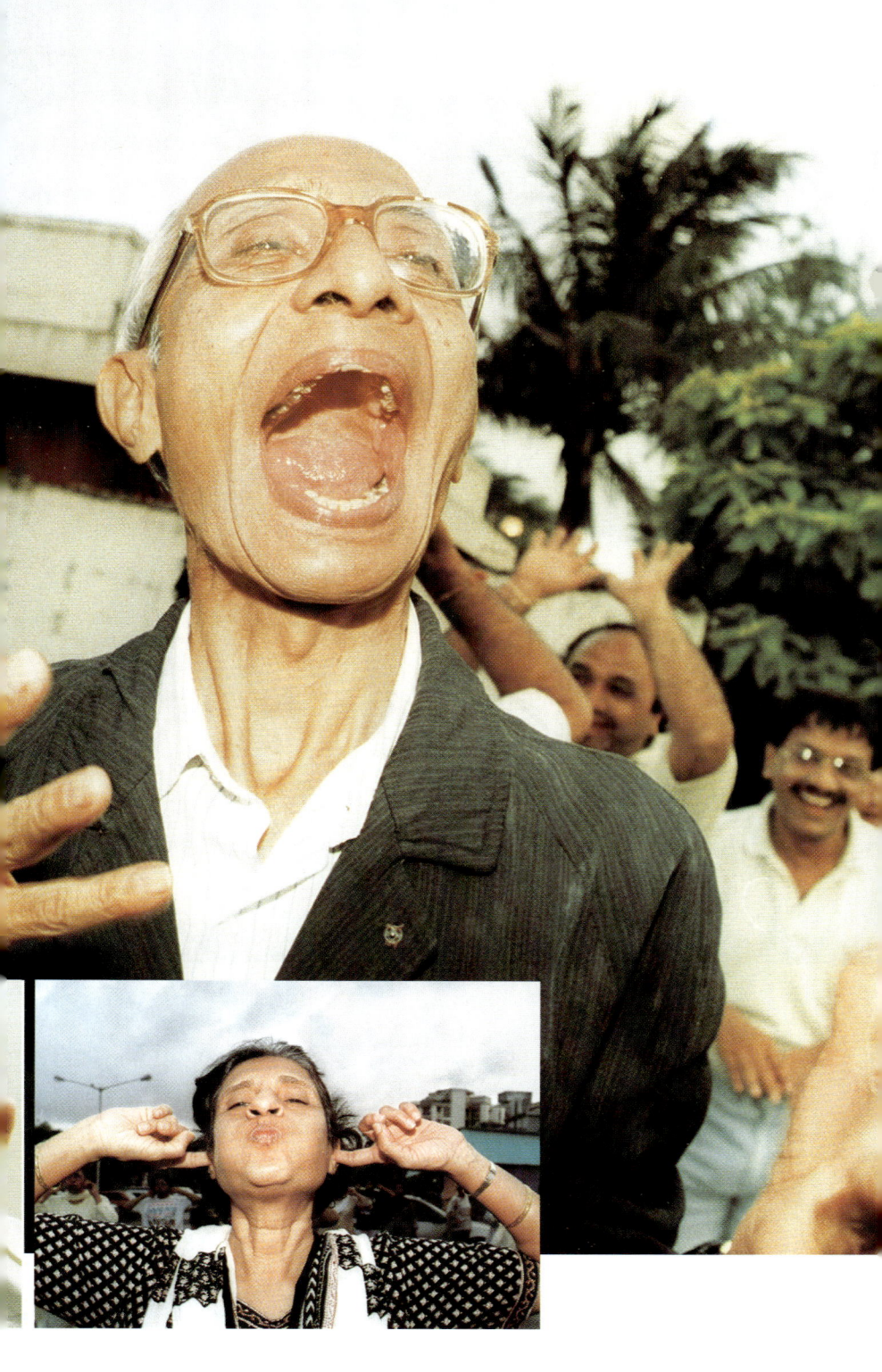

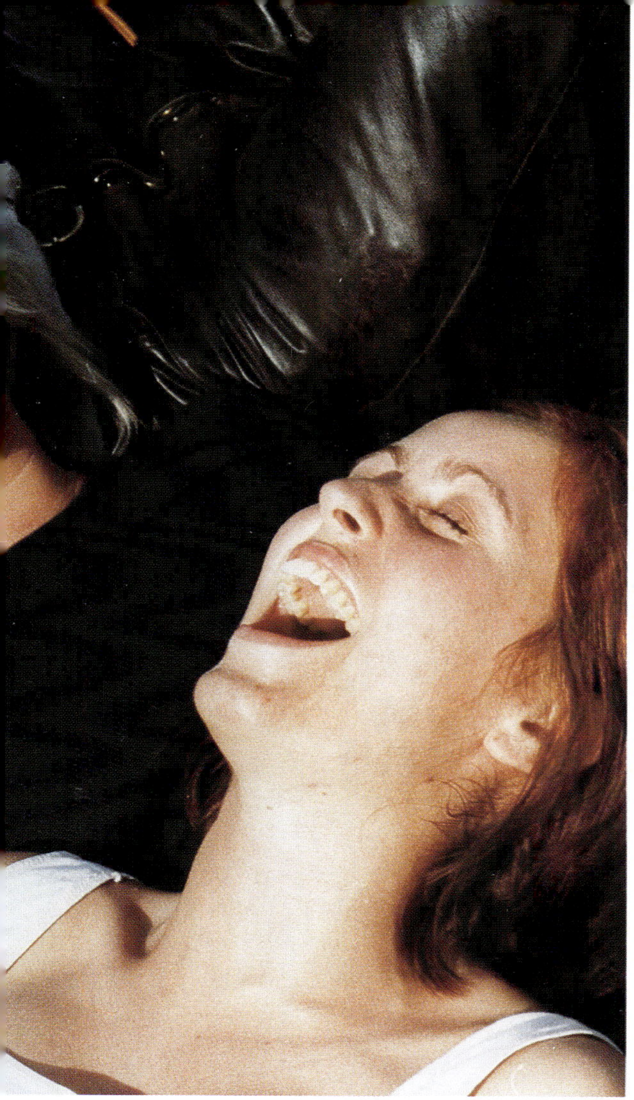

Gute Gründe, sich zum Lachen zu treffen, gibt es immer und überall. Beispielsweise jedes Jahr im Juni, bei Danmark's Latter Dag, dem dänischen Lachtag in Kopenhagen. Oder beim japanischen Lachfest »Waraimatsuri« in Kawabe, wo jeden Herbst eine äußerst sakeselige Lachprozession durchs Dorf und über die Reisfelder zieht, um die Göttin Niutsuhime bei guter Laune zu halten.

Statistiker sind dem Lachen sogar mit Bleistift und Strichliste auf den Grund gegangen. Ein Ergebnis: Frauen lachen etwa dreißig Prozent mehr als Männer.

nach oben. Eine wissenschaftliche Bestätigung für die persönlichen Erfahrungen von Parveti Nair.

Bewiesen ist auch, dass sich die Lungenelastizität durch häufiges Lachen verbessert. »Wir bekamen in unserem Labor ein neues Gerät, mit dem man die Bewegungen der Lunge während des Atmens beobachten kann«, berichtet Fry. »Es sendet ein elektrisches Signal von der Vorder- zur Rückseite des Brustkorbs und misst damit seine Aktivität. So konnten wir als Erste objektiv nachweisen, dass sich beim Lachen die Atemfrequenz erhöht.«

In der Folge zeigten Fry und seine Lachforscher, in welch hohem Ausmaß sich der Gasaustausch in den Lungenbläschen verbessert, was zur Folge hat, dass sich die Cholesterin-Ausscheidung erhöht. Die Volksweisheit, dass **Lachen die »beste Medizin«** sei, ist also keineswegs aus der Luft gegriffen.

Wenn Lachen so gesund ist, warum lachen Tiere dann nicht? Aber wer sagt denn, dass Tiere nicht lachen? Lawrence Pineo, ebenfalls Wissenschaftler in Stanford, behauptet das Gegenteil. Er hat Schimpansen über Monate hinweg beobachtet und Spuren von Humor bei ihnen entdeckt. Sie beginnen zu hüpfen und kurze Kreischlaute auszustoßen, sobald einem von ihnen ein Missgeschick zustößt: Ein Jungtier knabbert an einem Apfel, der ihm aus der Hand und zu Boden fällt. Ein anderes Tier wagt sich beim Klettern zu weit hinaus, der Ast bricht, der Affe fällt herunter. Der Rest der Horde feixt. Bonobos, nahe Verwandte der Schimpansen, spielen sich sogar gegenseitig Streiche: Eine Banane wird so an einen Ast gehängt, dass er abbrechen muss, sobald ein Tier aus der Horde hinaufklettert. Dann ziehen sie ein breites Maul, fletschen die Zähne und nicken heftig, eine auch für Menschen typische Bewegung beim Lachen. Lediglich die akustische Äußerung von Heiterkeit ist bei den Primaten anders. Ihnen fehlt ein Kehlkopf, wie ihn der Mensch hat.

Fry ist überzeugt, »dass Schimpanse und Mensch das Lachen von einem gemeinsamen Vorfahren geerbt haben«. Dementsprechend wären die ersten primitiven Lachmuster rund 6 Millionen Jahre alt.

Obwohl ererbt, muss Lachen auch gelernt werden. Der Mensch beginnt damit etwa im Alter von vier bis fünf Wochen. Babies lächeln als Erstes, wenn sie die Augen der Mutter sehen. Verhaltensexperimente haben das eindeutig nachgewiesen: Man hat die abfotografierten Augen von Müttern auf gesichtsförmige Kartons aufgeklebt und über den Bettrand gehalten. Sofort begannen die Kleinen zu lächeln.

Michael Titze, Psychiater und Psychotherapeut, hat in einer Forschungsarbeit speziell diese Frühphasen des Lachens untersucht und dabei festgestellt: »Schon wenige Wochen nach der Geburt beginnt das Kind lächelnd Kontakt zu seiner Mutter aufzunehmen. Dies geschieht zunächst nur reflexartig. Langsam wird es aber zu einer bevorzugten Reaktion der Mutter gegenüber. Das ist das entscheidende Zeichen, dass ein spezifisches Band zwischen Säugling und Mutter entstanden ist. Doch schon vom zweiten oder dritten Lebensmonat an ›weiß‹ das Kind, dass es mit seinem Lächeln und fröhlichem Gurren das Verhalten der Mutter beeinflussen kann. Wenn diese zurücklächelt, ist die Welt in Ordnung. Bleibt ihr Gesicht hingegen versteinert, so gerät diese Welt aus den Fugen.«[1]

Drei- bis sechsjährige Kinder, die in harmonischer Umgebung aufwachsen, lachen pro Tag etwa vierhundert Mal. Dieses tägliche Lachen ist übrigens eine völkerübergreifende Konstante. Man kann sie bei Chinesenkindern ebenso feststellen wie beim vierjährigen Benedikt von nebenan. Auch andere **»Lachzahlen«,** wie die 100 Stundenkilometer, mit denen die Lunge die Luft ausstößt, gehören zum globalen Evolutionserbe. Lachen ist damit, genau wie das Weinen, ein archaisches Verhaltensmuster der Menschheit.

Andererseits ist das Lachen so individuell wie ein Fingerabdruck: Es gibt keine zwei Menschen, bei denen Lachmelodie, Frequenzverteilung und der Atemrhythmus beim Lachen identisch sind. Sogar eineiigen Zwillinge lachen in dieser Hinsicht unterschiedlich.

Während Kinder sehr viel lachen, geht die Lachhäufigkeit mit zunehmendem Alter zurück. Vierzigjährige lachen nicht einmal ein Zehntel dessen, was sie als Vierjährige gekichert haben. Knapp sechs Minuten täglich lacht der durchschnittliche Deutsche laut Statistik, wobei ein deutlicher Unterschied zwischen den Geschlechtern besteht: Frauen lachen häufiger als Männer. Verhaltensforscher haben nachgezählt, dass über neunzig Prozent der Frauen ein Lächeln erwidern, bei den Männern sind es nur knapp über sechzig. Ein Blick in die Bekanntschafts- und Heiratsanzeigen der Tageszeitungen bestätigt diese Tendenz. Vor vielen anderen Kriterien wünschen sich Frauen gehäuft »Witz und Humor« bei ihrem »Zukünftigen«. Männer nennen diese Attribute weitaus seltener.

Zeigt ein Mann, der lacht, vielleicht Verletzbarkeit? Ist **Lachen weder macht- noch führungskonform**? Erinnern wir uns an Thomas vom Stamm der Cheyenne: »Wer lacht, wird für schwach gehalten.« Ob also Macht lacht? Offizielle Porträts von Aufsichtsräten und Vorstandsvorsitzenden zeigen die Herren immer mit ernstem Gesicht. Und Diktatoren erheben die »Ich-lache-nie«-Miene zum Prinzip. Kalaschnikow schwenkende Guerilleroführer, Napoleon, Karl V., die venezianischen Dogen, die Medici, Kaiser Wilhelm, Bismarck, Lenin, Hitler. Alle finster dreinblickend wie ein Alpha-Gorilla-Mann. Wir kennen sie kaum anders. Machtmenschen haben sich über die Jahrhunderte hinweg immer ernst und grimmig blickend porträtieren lassen. Abgeschaut haben sie die Pose dem Allermächtigsten, Gottvater, immer dargestellt mit ernstem Schöpferblick, wie ein Feldherr, der die Schöpfungsschlacht geschlagen hat. Und sein Sohn? Ein Opfer! Mit schmerzverzerrtem

Gesicht am Kreuz hängend. So stellt sich das Christentum dar. Da ist kein Platz für Lachen. Vergeblich wird man deshalb in der Bibel nach richtig lustigen Stellen suchen. Und auch nach einer Stelle, wo Christus richtig lacht. Im Alten Testament geht es etwas lustiger zu als im Neuen. Vierzig Stellen hat die Theologin Silvia Gross zum Thema Lachen gezählt, lauthals gelacht wird aber auch da nirgends.

Aber worüber soll bei den letzten Fragen nach Erlösung oder Verdammnis auch gelacht werden? Über die Auferstehung zum Beispiel. Bis ins 17. Jahrhundert hat man das gelegentlich auch getan. Damals gab es eine kirchliche Tradition, *Risus paschalis*, das **»Osterlachen«**, ein Bestandteil der Liturgie an Ostern. Die Predigten wurde mit lustigen Passagen aufgelockert, auf dass die Trauer des Karfreitags in Freude übergehe. Die Gemeinde durfte, ja sollte sogar in der Kirche lachen. Im Glaubensstreit zwischen Reformation und Gegenreformation wurde diese Tradition aus der Liturgie eliminiert, die katholische Kirche besann sich wieder auf ihre ernsten Wurzeln, die auf Benedikt von Nursia zurückgehen. Der Ordensgründer der Benediktiner befand nämlich, dass »ein Mönch erst dann lachen darf, wenn sein Herz nach den Tränen der Pilgerschaft mit dem Frohlocken der ewigen Freude gesättigt ist«.

Apropos gesättigt: Fast hätte ich unseren hungrigen Kojote vergessen. Kojote war also in ein anderes Tal gewandert. Dort gab es ein Dorf, in dem Adler der Häuptling war. Kojote wurde in dem Dorf geschätzt, denn er war ein guter Redner und er wusste alles. Große Eule und kleine Höhleneule waren die Medizinmänner des Dorfes. Otter, Fuchs und Elster lebten ebenfalls dort. Berglöwe war da, er war ein guter Jäger. Jeden Tag zogen er, Adler und Präriefalke los und gingen auf Kaninchenjagd. Kojote war faul und ging nur selten jagen. Doch eines Tages traf er Klapperschlange...

Das Fest der Göttin Niutsuhime

Wie eine Japanerin einem Inder und einem Deutschen Zeichen ins Gesicht malt und was das alles mit Niutsuhime zu tun hat, die plötzlich nackt vor den Menschen stand. Worüber alle laut lachten, was aber zum Schluss die Welt rettete.

Sachen passieren manchmal! Wie beispielsweise vor ein paar tausend Jahren in Japan: Da machte sich die Göttin Niutsuhime-no-mikoto von ihrem Heimatdorf Kawabe-cho aus auf den Weg zum jährlichen Generaltreffen der Götter. Ihr Ziel: der heilige Schrein von Izumo. Niutsuhime, so wird erzählt, war eine sehr schöne Frau. Das verwundert nicht, schließlich ist sie eine Art japanische Mischung aus Gaia und Venus, eine Göttin der Fruchtbarkeit und des Ackerbaus.

Für ihre Reise brauchte Niutsuhime weder Wanderstab noch Sänfte, denn als Göttin war ihr die Gabe des Fliegens gegeben; sie konnte fliegen, schneller als der schnellste Vogel. Doch kaum hatte sie die Tür ihres Schreins verschlossen und war durch den rotgelackten Torbogen davongeschwebt, passierte ein großes Missgeschick. Ihr im Wind flatternder Kimono verfing sich im Ast einer der vielen knorrigen Kiefern, die ihren Schrein als kleiner Wald umgaben, blieb hängen und riss sich von ihrem Körper los, so dass sie nackt durch die Luft sauste.

So etwas hatten die Menschen in dem kleinen Dorf Kawabe-cho noch nie gesehen. Vor allem die Männer wussten nicht, wie sie sich verhalten sollten. Wegschauen? Sich mit den Händen die Augen zuhalten? Heimlich doch durch die Finger lugen? Oder einfach nur lachen? Lachen! Laut lachen! Über den Kimono der Göttin hoch oben in den Ästen, über die ratlose, nackte Niutsuhime. Ihre weiß gepuderten Backen liefen rot an, rot vor Wut, rot vor Scham. Gleich einer Schwalbe schwang sie sich in eine scharfe Kurve, schwebte zurück durch den Torbogen, verschwand in ihrem Schrein, tobte. Tobte, schrie, wurde aschgrau vor Zorn, ließ sich nicht mehr blicken. Den ganzen Tag nicht und auch nicht den nächsten, die folgenden Tage nicht und auch nicht die folgenden Wochen.

Doch während dieser Zeit sann sie auf Rache. Auf fürchterliche Rache. Und so ließ sie es zu regnen anfangen. Zuerst leicht, dann stärker, dann als ob sie die ganze Erde ertränken wollte. Die Schlangen verkrochen sich unter den Steinen in den Bergen und wollten die Ratten nicht mehr fangen, die sich, frech geworden, über die Reiskammern der Bauern hermachten. Und die Wolken gaben weiterhin, was sie nur konnten. Die Früchte auf den Feldern ertranken, der kleine Bach wurde zum reißenden Riesen und spülte die rot, gold und schwarz schillernden, schuppigen Karpfen aus den Teichen fort in den Fluss.

Das war besonders schlimm, denn mit den Koi verschwand das Glück endgültig aus Kawabe. Die Leute litten Hunger, manch einer wurde sogar krank. Und so zogen die Bewohner vor Niutsuhimes Schrein, brachten ihr als Opfer, was an Feldfrüchten noch übrig war, warteten, was wohl kommen mochte. Doch die Göttin war nicht zu besänftigen, weder durch Gaben, noch durch Gebete. Die Tür ihres Heiligtums öffnete sich nicht, Niutsuhime ließ sich nicht blicken, die Gaben verrotteten auf den moosüberwachsenen steinernen Stufen, die flehentlichen Gebete verhallten ungehört.

Als nichts, aber auch gar nichts half, kam ein Kind auf eine wahrlich kindliche Idee: »Wir machen **lauter lustige Sachen**, wir ziehen uns komische Kleider an, wir lachen, so viel wir können, und ziehen den Berg hinauf zu Niutsuhimes Schrein. Vielleicht wird sie neugierig und will erfahren, weshalb wir bei all dem Hunger und all dem Elend so heiter sind. Und dann wird sie ihre Tür aufmachen und herausschauen. Sie wird uns sehen in unserer lustigen Verkleidung und muss dann bestimmt selbst zu lachen anfangen. **Und wenn sie erst lacht, wird auch die schlechte Zeit ein Ende haben.«**

Sogar die Ältesten des Dorfes mussten dem Kind recht geben. Noch am selben Tag machte man sich ans Werk. Die Männer knüpften sich Kopftücher um die Köpfe, wie es sonst nur die Frauen tun, alle schnitten lustige Grimassen, setzten das kluge Kind zusammen mit ein paar anderen in eine Sänfte, begannen, über die Idee und sich selbst zu lachen, und machten sich als kichernder Tross auf den Weg durch die Reisfelder hinauf in den Kiefernwald. Je näher sie Niutsuhimes Schrein kamen, desto lauter wurde das Gelächter. Am Ziel angekommen, schüttelten und bogen sich die Leute aus Kawabe, so sehr mussten sie lachen.

Und Niutsuhime? Die war noch neugieriger als erwartet. Kaum war die Prozession vor ihrem Schrein angekommen, streckte sie auch schon grimmig den Kopf zur Tür heraus, sah die wie Böcke herumhopsenden Männer in Frauenkleidern und die Frauen in Männerkleidern, sah die kichernden Kinder. Eine ausgelassene Schar, die erst ein Schmunzeln auf ihr finsteres Gesicht zauberte, dann ein Lachen, und dann lachten alle zusammen – und wirklich: **Alles wurde wieder gut.**

So hat sich Niutsuhime mit Lachen doch noch besänftigen lassen. Weil aber den Launen einer Göttin nicht so recht zu trauen ist, wiederholen die Leute von Kawabe-cho ihre Lachprozession einmal im Jahr. Zur Sicherheit. Immer Anfang Oktober, wenn die Ernte eingefahren ist. Seit tausend und mehr Jahren, bis auf den heutigen Tag.

Kawabe-cho ist nicht einfach zu erreichen. Am besten nimmt man den Zug von Osaka nach Wakayama, der kleinen Hauptstadt der Provinz gleichen Namens. Eine Stunde lang flitzt er vorbei an Hochhaustürmen, dann über einen Damm durch ein Meer kleiner grauer und brauner Holzhäuser mit nachtblau und moosgrün glasierten Schindeln auf den Dächern und Bonsais und Bananenstauden vor den Türen. Am Horizont reihen sich als Silhouetten die Wahrzeichen fernöstlichen Wunderwirtschaftens: Ölraffinerien, Tanklager, Lagerhallen, Hafenkräne. Das Meer ist nicht weit. Bald zeigt es sich auch. Der Zug zieht eine Schleife, windet sich an einem Berg vorbei, rauscht durch Tunnel, rast durch Bambuswälder und über Reisfelder, schießt zwischen Felsklippen hindurch, wird von der Brandung nass gespritzt. Mit einem Mal riecht es nach Tang und Algen im Abteil, weit draußen, zwischen einem Haufen vor die Bucht geschleuderter Inseln, tuckern Fischkutter über das Wellengeglitzer, haben ihre Netze ausgespannt wie Libellenflügel.

Wakayama erreicht man nach einer weiteren Zugstunde. Eine Samurai-Burg, deren weiße, in den Himmel ragende Mauern von einem Hügel herableuchten, zeugt vom Alter der Stadt. Hier muss man zur Weiterfahrt nicht nur den Zug, sondern auch den Bahnhof wechseln. Es empfiehlt sich auch, sich nach einem Hotel umzusehen, denn Kawabe-cho ist viel zu klein und abgelegen, als dass man dort Gäste erwarten würde. Umsteigen also, fünfmal fragen, den anderen Bahnhof suchen, wenn man ihn gefunden hat weiterfahren. Weiter über Reisfelder, weiter durch Bambuswälder, durch enge Schluchten und lange Tunnels nach Gobo. Am winzigen Bahnhofsplatz von Gobo braucht man dem Taxifahrer nur noch »*Warai-matsuri*«, **»zum Lachfest«,** zurufen. Und sogleich legt er seine mit weißen Baumwollhandschuhen überzogenen Hände an das Lenkrad seines schwarzen Toyotas und lenkt den Wagen die wenigen Kilometer hinein in das Tal nach Kawabe-cho. Und er lacht, wie hier alle lachen, schließlich ist heute Lachfest.

Bis hierher hatten es Papu und ich also geschafft. Dank eines Tipps, den uns ein weitgereister Fernostkenner gegeben hatte. Seinem Ratschlag folgend hatten wir uns die gesamte Route bis ins kleine Kawabe-cho vom Englisch sprechenden Hotelportier in Osaka in japanischen Zeichen auf einen Zettel schreiben lassen. Die Notiz leistete uns gute Dienste: Vom Fahrkartenverkäufer am Bahnhof bis zum Taxifahrer kannten alle Ziel und offenbar auch Zweck unserer Reise. Jedenfalls lachten sie uns ohne Ausnahme herzlich an. Von großen Mühen, unseren Weg durchs ferne Japan zu finden, können Papu und ich zumindest nicht berichten. Und so erreichten wir pünktlich Kawabe-cho. Der behandschuhte Chauffeur drückte auf einen gelben Knopf, die beiden hinteren Türen seines Toyota sprangen automatisch auf. Und wir sprangen heraus. Mitten hinein ins Lachfest.

Von weitem sieht man es schon: Bambusstangen, dick wie Oberarme und lang wie Giraffenhälse, aufgestellt in Reih und Glied an steinigen Feldwegen und am Geländer einer kleinen Brücke entlang. Als Fahnenmasten, denn von ihren in den blauen Himmel ragenden Spitzen hängen zwei bis drei Meter lange Spruchbänder mit aufgepinselten Zeichen in Kanji-Schrift. Die Parolen für den Tag: **»Lach, Niutsuhime, lach!«** oder auch nur kurz und knapp: »Heute! Heute!« »*Waraimatsuri*«, »Lachfest«, verkündet eine andere Fahne flatternd im Wind. Es ist noch früher Morgen, doch aus der halben Provinz rundum sind die Menschen schon gekommen, haben Kinder und Kameras eingepackt, haben in Kühlboxen Sushi mitgebracht. Vierhundert mögen es sein, wenig später fünfhundert, tausend, zweitausend, ein Vielfaches. Unter ihnen Menschen, die aussehen, als hätten sie mehrere hundert Jahre als lebensgroße Ausstellungspuppen in einem Kostümmuseum verbracht – die Teilnehmer der Lachprozession: Shintopriester mit schwarz glänzenden, tütenähnlichen Lackhüten und erdigbraunen Kutten, Männer mit rosaroten Kopftüchern und in leinenweißen Jacken, die entfernt an Judoanzüge erinnern, grell geschminkte Gestalten in Seidenkitteln, in vielen Farben leuchtend wie Schmetterlinge.

Und dazwischen tummelt sich ein besonders bunter Vogel. Eine ochsenblutrote Pumphose hat er an und eine blaugelb gestreifte Jacke. Unter den linken Arm geklemmt trägt er ein geheimnisvolles Holzkistchen mit scheppnerdem Inhalt, mit der rechten Hand hält er eine Art Narrenstab in die Luft. Bunte Bänder sind daran geknüpft, und auf der Spitze thront eine Krone aus vier metallenen Ringen, groß wie Untertassen und rundherum mit Schellen besetzt. Auf dass es klirrt und klingelt, wenn er seinen Stab schwingt. Ein Till Eulenspiegel, der sich ins Land der aufgehenden Sonne verlaufen hat. Hier heißt er Susufuri, Glockenschüttler. Als eine Art oberster Lachmeister macht er seinem Namen alle Ehre. Links und rechts hat er sich mit roter Farbe ein Zeichen auf die Backen seines dick mit weißer Farbe zugekleisterten Gesichts geschrieben: »Wara-u!« – »Lache!« Tausende werden an diesem Tag seiner Aufforderung folgen.

Bis auf Mesuoni und Osuoni, die beiden düsteren, in der japanischen Mythologie von Teufeln zu Schutzgeistern mutierten Dämonen. Ihre Aufgabe ist es, die Lachprozession zu Niutsuhimes Schrein zu begleiten und zu bewachen. Man ahnt sofort, dass mit ihnen nicht zu spaßen ist. Zu grimmig blicken sie hinter ihren blutroten Masken mit den goldenen Hörnern und der rübenlangen Nase hervor. An ihrer Seite geht ein Löwe, dargestellt von zwei Männern, die unter eine mit magischen Zeichen bedruckte Decke geschlüpft sind und eine schwarze zottelige Gruselmaske mit riesigem Klappmaul und apfelgroßen, stechend weißen Kugelaugen vor sich hertragen. Jetzt hüpft das Fabeltier von einem Fuß auf den anderen, wirft Kopf und Mähne in die Luft, klappt sein Maul auf und zu, geht vor einer Art kleinem Altar in die Knie. Einem Schrein von der Größe einer Waschmaschine, der auf übereinandergelegten Bambusstangen steht, so dass fünf oder auch zehn Männer ihn tragen können. Shintopriester stehen davor, verneigen sich, bringen geweihten Reis in kleinen Holzkistchen, polierte Äpfel und Nüsse als Opfer. Schließlich will man Niutsuhime nicht nur mit Lachen bei guter Laune halten.

Auch der Glockenschüttler ist herbeigeflitzt, mit großer Geste lockt er die Shintopriester zu einem nächsten und von dort zu einem übernächsten kleinen Schrein, die, alle auf Bambusgerüsten, auf den Beginn der Prozession warten. Mit würdevollen Gesten, ganz dem vorgeschriebenen Ritual entsprechend, verneigen sich die Priester vor all den kleinen Altären, während Susufuri seinen Narrenstab schüttelt, von einem Bein aufs andere hüpft und die Bewegungen der Priester nachäfft.

Aus einem weiteren Bambusgestell, größer und fester, hat man eine Art Sänfte gebaut. Mit einer Trommel in der Mitte und vier kleinen Sitzen drumherum, kunstvoll geschnitzt wie ein Thron und mit einem feuerroten Baldachin. Darunter haben jetzt vier Kinder Platz genommen. *Noriko* nennt man sie, »eingestiegene Kinder«. Sie sind sechs, sieben oder acht Jahre alt und natürlich alle aus Kawabe-cho. In prächtige seidene Kleider gehüllt, zwei Buben und zwei Mädchen. Wer jedoch Bub und wer Mädchen ist, kann keiner sagen, denn ihre Gesichter sind mit dick aufgetragener weißer Farbe zu starren Masken geschminkt, die Backen mit roten Kreisornamenten bemalt, die Augenbrauen schwer und schwarz nachgezogen, um ihre fast kahl geschorenen Köpfe haben sie nachtblaue Stirnbänder gebunden. Würden sie sich nicht bewegen, könnte man sie glatt für Puppen mit Porzellangesichtern halten.

Doch sie bewegen sich. Und wie! Auf ein Signal des Glockenschüttlers hin packen fünfzig kräftige Männerarme zu, heben die Baldachinsänfte hoch. Schlagartig beginnen die »eingestiegenen Kinder« mit ihren Händchen in der Luft zu wirbeln, beugen sich weit nach hinten, lassen sich nach vorne fallen und hämmern mit breiten Holzklöppeln in exaktem Rhythmus auf die Trommel ein. Immer wieder: Hände hoch, nach hinten beugen, nach vorne fallen, auf die Trommel donnern und dazu mit hoher Fistelstimme singen: »*Jon joi, jon joi, jon joi...*« – »Gut, gut! **Alles ist in Ordnung. Gut, gut.**« »*Jon joi, jon joi, jon joi...*« Dann fallen mit kräftigem Organ die Träger ein: »*Sa saa jon joi, saa ko oo, ryi ya se! Sa saa jon joi, saa ko oo, ryi ya se!*« Silben ohne Sinn, ähnlich wie *lala, haha, hoho, hihi, lala*. Einzig dazu da, Niutsuhime zum Lachen zu bringen. Das geht bis in den Abend so weiter. Götter machen es den Menschen nicht eben leicht.

Kaum hat die Kindersänfte sich auf den Weg gemacht, heben andere Männer in Röcken und mit Halstüchern auf dem Kopf auch schon die Schreine mit den Bambusstangen auf ihre Schultern und folgen den Noriko. Begleitet von den Shintopriestern, die Gebete murmeln oder sich vor den kleinen Schreinen immer wieder verbeugen und dann in schepperndes Lachen ausbrechen: »*Jhoi, ha, jhoi ha, jhoi ha.*« Kräftige junge Männer haben die giraffenhalshohen Bambusfahnenstangen aus ihren Verankerungen gehoben, tragen sie jetzt hinter den Schreinen und Priestern her. Ab und zu setzen sie die wogende Last ab, um sie dann nur umso kräftiger in die Höhe schwingen zu können. Als ob es die aufgepinselten Zeichen in den Himmel zu schleudern gälte, damit die vorbeifliegende Niutsuhime sie auch wirklich liest. »Lache, Niutsuhime, lache!«

Und wenn es nicht die Fahnen sind, die dich zum Lachen bringen, dann vielleicht die Scharen von Flötenspielern, die wie Rattenschwärme aus den engen Gassen Kawabes hervorhuschen und schauerlich tönende Melodien für dich einstudiert haben.

Zwischen alldem schlängelt sich Susufuri hindurch, der Glockenschüttler, schüttelt seinen Glockenstab, scheppert mit seiner Schachtel, treibt alle zum Lachen an. Wie ein Wiesel saust er von da noch dort, wo er auftaucht, wogt die Lachwelle umso höher.

Nur die Noriko in der Kindersänfte lassen sich nicht aus ihrem monotonen Singsang und ihrem monotonen Getrommel bringen. »*Jon joi, jon joi, jon joi* ...« Bumm, bumm, bummbumm. Bumm, bumm, bummbumm. Bumm, bumm, bummbumm. Und auch Osuoni und Mesuoni, die beiden Dämonen, betreiben mit großem Ernst ihr Geschäft. Reihern gleich, die in den Reisfeldern nach Fröschen und Schlangen jagen, gehen sie mit stakendem Schritt vor der Prozession einher, stechen mit ihren Bambuslanzen in die Luft, als gälte es, lachfeindliche und deshalb störende Geister aufzuspießen oder zu vertreiben, jagen plötzlich unsichtbaren Erscheinungen hinterher.

Auf diese Weise zieht die Prozession quer durch das kleine Kawabe, über die schmale Brücke auf die andere Seite des Baches, den Niutsuhime einst zum reißenden, Unglück bringenden Strom hat anschwellen lassen, hinaus auf die Wege zwischen den Reisfeldern und durch den kleinen Kiefernwald den Hügel hinauf zu ihrem Schrein.

Doch was ist da los? Da drüben! Eine Gruppe Männer, mit einem heiligen, goldverzierten Schrein auf den Schultern, hat sich ganz offensichtlich verlaufen. Ein Haufen Herumirrender, die einen Grashang abwärts hecheln, mit Mühe die Balance halten, um ein Haar stolpern, jetzt endgültig das Gleichgewicht verlieren, die Böschung zum Bach hinunter torkeln und mitsamt dem Schrein im Wasser landen. Jetzt ist alle Feierlichkeit dahin, was wieder den Glockenschüttler auf den Plan ruft. Schon springt er herbei, treibt alle Mitmacher und auch jene, die nur zuschauen, noch mehr zum Lachen, **feuert sie zu Lachausbrüchen an.**

Was ihm relativ leicht gelingt. Denn neben der Göttin Niutsuhime ist noch ein ganz anderer Geist mit von der Partie. Er heißt Sake und wird aus großen klarglasigen Weinflaschen ausgeschenkt. Einmal losgelassen, sorgt er dafür, dass ganz Kawabe an Klarheit verliert. Und weil es heute besonders heiß ist, hat der Geist Sake bereits am frühen Nachmittag ganze Arbeit geleistet. Vom Shintopriester bis zum Fahnenschwenker torkeln alle den steilen Weg zu Niutsuhimes Schrein hinauf, schlingern mit ihrer schweren Last, fangen sich wieder, **schlingern weiter, singen, lachen. Lachen unentwegt.**

Nach gut fünf Stunden hat die sakeselige Prozession es endlich geschafft. Die Fahnenschwenker, die Dämonen Osuoni und Mesuoni, die Flötenspieler, der Löwe und Susufuri, der Glockenschüttler, sind vor dem *torii*, dem großen Torbogen vor dem Shinto-Schrein, angekommen. Hier ist seit Urzeiten Niutsuhimes Wohnstätte. Ein von der Sonne gebleichtes, vom Regen ausgewaschenes Holzhaus, mit feinem, zwischen den Dachschindeln wachsendem Gras und Moos auf den Steinstufen am Eingang. Darüber eine Glocke, die jetzt mehrfach laut von den darunter durchziehenden und durchschunkelnden Noriko geschlagen wird. Signal für die Göttin, dass jemand um ihr geneigtes Ohr bittet.

Dicht an dicht stehen die Zuschauer, um Träger wie Fahnenschwenker ein letztes Mal anzufeuern. Wieder und wieder wirft der Glockenmann seine Arme in die Luft, fordert immer neue Lachsalven. Wieder und wieder schlagen die Kinder die Glocke an. Auf dem staubigen Platz vor dem Schrein brodelt das Fest seinem Höhepunkt entgegen. Die Menge hat sich in Trance getanzt und gelacht, und der Sake hat das Seine dazu getan. Shintopriester ziehen durch das ekstatisch schunkelnde Volk, schwenken an Stäben festgebundene Papierbüschel mit aufgepinselten Gebeten über den Köpfen, während sich Niutsuhime abseits in einer alten Hütte versteckt hält und wie jedes Jahr Abbitte für die einst erlittene Schmach fordert.

Da hat der Glockenschüttler einen ganz besonderen Einfall: Er öffnet sein Holzkästchen, greift hinein und holt händeweise in buntes Papier eingewickelte Zuckerbonbons heraus, wirft sie hoch in die Luft, lockt damit Niutsuhime aus ihrem Versteck. Die fliegt ganz schnell und unsichtbar vorbei, um ein paar der süßen Leckereien zu erhaschen.

Was auf den Boden zurückfällt, bekommen die Kinder. Diesmal war die Göttin nicht sonderlich geschickt, doch das tut nichts zur Sache. Denn alle konnten ihn spüren, den weichen Windhauch, als sie durch die Kiefern strich. Und sofort haben sie ihr Lachen nochmals gesteigert und ihr nachgerufen: »Lach mit, Niutsuhime, lach mit!« Und aus der Ferne war es, als hätte sie die Gebete und Bitten erhört.

Niutsuhimes Geschichte, so glaubt der Lehrer von Kawabe-cho, ist eine regionale Umdeutung des Mythos von Amaterasu-omikami, der großen Sonnengöttin. »Ihre Geschichte kennt in Japan jedes Kind«, erklärt er uns. Und während auf dem Platz das Fest weitertobt, weiterpulst, erzählt er uns in ziemlich gutem Englisch die Sage von Amaterasu: »Die Sonnengöttin hatte einen Bruder, Susanoh, der sehr böse war. Er tat den Menschen und auch den Göttern allerhand Übles an. Amaterasu schämte sich für seine Untaten so sehr, dass sie sich in eine Höhle verkroch und dort hinter einem Felsen versteckte. Doch kaum war sie in der Höhle verschwunden, wurde es auf der ganzen Erde finster und kalt, die Reispflanzen auf den Feldern starben, und großer Hunger und große Traurigkeit kamen über die Menschen. Die anderen Götter sahen dies mit großer Sorge, doch kein Reden und kein Bitten konnte Amaterasu dazu bewegen, ihre finstere Höhle zu verlassen. So beschlossen die Götter als letzte Möglichkeit, ein wildes Fest vor Amaterasus Höhle zu feiern. Sie vollführten alberne Tänze, zuckten und zappelten, als ob sie berauscht wären. Die Göttin Amenouzume-no-mikato tanzte so wild, dass sie nach und nach ein Kleidungsstück nach dem anderen verlor, bis sie schließlich nackt vor der Höhle stand. Da mussten alle Götter so laut lachen, dass selbst die große Sonnengöttin Amaterasu neugierig wurde, aus ihrer Felshöhle herauskam und nach dem Grund sah. Da war mit einem Schlag wieder **Licht über dem Land** und über dem Wasser. So hat das Lachen die Welt gerettet.«

Wenn das kein Grund zum Feiern ist! Kaum ist der zeremonielle Teil des Lachfests zu Ende, verwandelt sich der Platz vor Niutsuhimes Schrein in einen Rummelplatz. An kleinen Ständen werden über offenem Feuer Tintenfische gebraten, pappsüßer Zuckertrank wird ausgeschenkt, unter Zeltplanen haben fliegende Händler ihre Ware ausgepackt: **grimassenhafte Masken mit Lachmündern,** Glücksbringer, Plastikkitsch, japanisches Bier in Dosen.

Hinter einem Baum muss sich einer der Träger übergeben. Kein Wunder. Die Sakeflaschen kreisen immer noch, wandern von Hand zu Hand und von Mund zu Mund. Wer nicht freiwillig mittrinkt, dem wird einfach eine Ladung ins Gesicht gekippt. »Saggää, Saggää, Saggää«, haben sie bei Papu und bei mir gerufen. »Saggää, Saggää, Saggää.« Und mit jedem »Saggää« wurden wir nässer, bis es nicht mehr drauf ankam.

Stinkend wie Landstreicher und vom Sakedunst benebelt, machten wir uns nach Stunden des Mitfeierns auf den Rückweg: den engen Saumpfad durch das Kiefernwäldchen und über die Reisfelder hinunter nach Kawabe und weiter die Straße entlang nach Gobo, denn Taxi hatte leider keines auf uns gewartet. Todmüde und vom Reiswein halb erschlagen kamen wir an, warteten dösend auf den Zug nach Wakayama, stiegen ein, fielen in die plüschigen Sessel, hörten das monotone Lied der Schienen, schliefen ein. Schliefen fest.

Fünf Stationen hinter Wakayama wurde ich vom Kartenkontrolleur geweckt. Mit fünf mageren Wörtern Englisch und einem Vielfachen an Handzeichen machte er uns klar, dass wir bereits vor einer Stunde hätten aussteigen müssen. Papu, von mir wachgerüttelt, wollte es erst nicht glauben und unterstellte mir einen üblen Scherz, sozusagen eine **Fortsetzung des Lachfestes** mit anderen, gemeinen Mitteln.

Doch spätestens an der nächsten Station, wo Papu auf mein hartnäckiges Drängen mit ausstieg, begriff auch er, wie im wahrsten Sinne verfahren die Situation war, und reagierte prompt: »Wir nehmen einfach den nächsten Zug aus der Gegenrichtung und fahren zurück.«

»Gute Idee, Papu. So machen wir's.«

Und genau so machten wir es dann auch, sobald sich ein Zug aus dem schwarzen Nichts der japanischen Nacht in den Bahnhof schob. Wakayama schien nicht mehr fern. Doch Wakayama war fern und rückte in immer weitere Ferne, denn gleich hinter dem Bahnhof gabelten sich die Gleise, und unser Zug fuhr an Fabriken vorbei und über Brücken, die wir noch nie gesehen hatten. Der Rückweg entpuppte sich als Fahrt in eine völlig andere Richtung, hinaus in die gähnende Dunkelheit des Landes der aufgehenden Sonne. Was für ein Hohn! Hatte am Ende die launische Göttin Niutsuhime uns einen Streich gespielt?

Am nächsten Bahnhof also wieder das gleiche Spiel: Aussteigen, Warten auf einen Zug in die Gegenrichtung, wahrscheinlich bis zum nächsten Morgen, denn mittlerweile war Mitternacht längst vorbei. Und so saßen ein Inder und ein Deutscher zusammengekauert auf einer Holzbank am Bahnsteig eines japanischen Provinzbahnhofs, nicht wissend, was die neonerleuchteten Zeichen auf den Anzeigetafeln über ihnen zu bedeuten hatten. Keine Menschenseele, keine klärenden Worte, weder auf Englisch noch auf Japanisch. »Vielen Dank, Niutsuhime!« Papu machte das Beste aus der Situation und nickte an meiner Schulter ein.

So sah er das Wunder erst, als es bereits leibhaftig vor uns stand: in Tigerminirock und hüftkurzem, silbernem Plastikjäcken, ins schwarze Haar kastanienrote Strähnen gefärbt und mit Goldflitter besprizt, einen kirschroten Kussmund im weiß gepuderten Gesicht, Kaugummi kauend und die Beinchen in Plateaustiefeln, die die kleine Japanerin gleich zwei Handbreit größer machten. Auf dem Weg in die Disco? Auf dem Heimweg von der Disco? Um uns zu retten? Jedenfalls eine ins 21. Jahrhundert geflogene Niutsuhime oder zumindest eine ihrer Helferinnen. An ihrem schwarzen Lackgürtel baumelte ein Handy.

Mit einem Mal war Papu hellwach, kramte in seiner Fototasche nach unserer auf Japanisch beschriebenen Reiseroute, fand die bislang so hilfreichen Aufzeichnungen des Portiers aus Osaka, gab es der kleinen Prinzessin. Jukari, so hieß sie, las, begriff sofort und lachte, nein, lächelte, nein, kicherte verlegen nach Art japanischer Teenager. Dann nahm sie ihr Handy vom Gürtel, tippte eine Nummer ein, quasselte kurz in dem für westliche Ohren monotonen Gleichklang, hauchte ein paar helle **Heii, heii, heii ins Handy,** erklärte uns dann in holperigem *»Ingliss«*, dass der nächste Zug nach Wakayama erst um sechs fahre, und telefonierte sofort weiter. Mit ein paar Freunden, die ebenfalls auf dem Heimweg von der Disco waren. Mit dem Auto, in Richtung Wakayama, Fügung des Schicksals. Das erkannten wir aber erst zehn Minuten später, als ein tiefergelegter, spermaweißer Mitsubishi Van auf Reifen, flach und breit wie für die Formel 1, um die Ecke bog und gleich einem Ufo ein paar Meter neben dem Bahndamm landete. Pinkfarbene Neonröhren leuchteten unter verchromten Trittbrettern und ließen den Van, der wie auf einem Plasmakissen schwebte, aussehen, als sei er nicht von dieser Welt. Durch geschlossene Scheiben wummerten uns Bässe wie Vulkangrummeln entgegen – der einzige Hinweis darauf, dass das Ufo bemannt war. Denn dunkel spiegelte schwarz getöntes Glas die Lichter des Bahnhofs in die Nacht zurück und verbargen Fahrer wie auch Passagiere im Fond. In einer Mischung aus Anmut und Unbeholfenheit tapste Jukari in ihren Plateaustiefeln die Stufen vom Bahndamm zum Ufo hinab, wechselte ein paar Worte mit dem Fahrer, winkte uns herbei. Wir stiegen in die rollende Disco und entdeckten, auf welch engem Raum sieben schrille Japaner Party feiern können. Namen wurden genannt, die wir nicht verstanden, weil Michael Jackson mit zuviel Dezibel präsent war. Dann setzte sich das Party-Ufo in Bewegung.

Wo wir denn überhaupt herkämen, wurden Papu und ich gefragt. Statt langer Erklärungen kramte Papu wieder in seiner Fototasche, zog ein paar Polaroids heraus, zeigte auf den Glockenschüttler und ergänzte: **»Warai-matsuri.«** – »Warai-matsuri«, lachten alle laut los, übertönten ein paar Sekunden lang sogar Michael Jackson. Ein Inder und ein Deutscher auf dem Lachfest – wenn das nicht zum Lachen ist!

Jukari hatte sich zwischen Papu und mich auf den Rücksitz gequetscht. Ihr superkurzer Tigerrock war dabei noch höher gerutscht, ein nicht enden wollendes Gekichere gespielter Verschämtheit quiekte aus ihrem **roten Kirschkussmund,** doch den Rock zog sie nicht zurecht. Ich musste an Niutsuhime denken und an ihren in den Ästen hängen gebliebenen Kimono. Papu meinte, er müsse noch ein Foto von Jukari machen. So fuhren wir durch die Nacht.

Kurz bevor wir in Wakayama aus dem Van stiegen, kramte Jukari in ihrem winzigen Plastikrucksack herum, zog einen Schminkstift heraus, drehte sich zuerst zu Papu und dann zu mir, malte uns beiden etwas auf die Backe. Alle anderen fanden das wieder sehr lustig und kicherten vor sich hin. Dann bog das Ufo in die Auffahrt zu unserem Hotel, hinter dem Berg mit der Burg der Samurai ging die Sonne auf. Wir tauschten schnell noch Adressen aus, dankten und verneigten uns nach japanischer Sitte, stiegen aus. Jukari lachte und winkte noch, dann schlug sie die Wagentür mit den schwarzen Scheiben zu und war verschwunden. Wie einst Niutsuhime. Die Neonröhren des Ufos gossen ihr kühles Licht auf den Asphalt. Dann startete es wieder und schwebte davon.

Kaum betraten wir die Hotelhalle, grinsten uns die Damen und Herren von der Rezeption an. Auf unsere fragenden Blicke hin tippte der Empfangschef auf seine Backe und deutete dann auf unsere. »Ah! Jukaris Schminkstiftzeichen«, fiel es uns wieder ein.

»Was bedeuten sie?« wollte Papu wissen.

»Wara-u – lache!«, wurden wir aufgeklärt. Was auch sonst? Alle lachten. Und nicht nur die Welt, auch wir waren gerettet.

Klamauk in der Klinik

Warum Frau Professor Mehlwurm Spritzen mit der Spritzpistole gibt und wie Herr Doktor Tröööt im Krankenhaus eine rote Nase auf eine Nase operiert. Was aber generell nichts macht, wie Frau Machtnix findet.

»Eino, zweio, dreio. Llosss!« Doktor Tröööt und Frau Professor Doktor Doktor Mehlwurm machen sich an die Arbeit. Es ist halb drei nachmittags, Zeit für die Visite. Wir sind im Krankenhaus, genauer: im Haunerschen Kinderspital der Universität München. Doch was sind Frau Mehlwurm und Herr Tröööt für eigenartige Ärzte? Gut, beide tragen weiße Kittel, aber sonst ...? Doktor Tröööt hat eine viel zu weite, weißblau gestreifte Latzhose und bunte Turnschuhe an, um seinen Hals hängen ein gelbes Schneidermaßband und an einem Lederband eine kleine Stoffmaus. Auch Frau Professor kommt eigenartig daher. An den Kragen ihres Arztkittels hat sie sich einen schweinchenrosa, fuseligen Fellkragen genäht, ihre Taschen sind mit vielerlei vollgestopft, nur nicht mit dem, was Ärzte landläufig so bei sich haben: kein Stethoskop, keine Tabletten, kein Fieberthermometer. Und um ehrlich zu sein: So ganz richtige Ärzte sind Frau Professor Mehlwurm und Doktor Tröööt auch nicht. »Trotzdem«, so heißt es bei der Klinikleitung, »sind sie für unsere kleinen Patienten sehr wichtig.« Sehr wichtig? Doch wie können Ärzte wichtig sein, die Fieber mit dem Maßband messen und Spritzen mit einer gelben Spritzpistole geben? Die rote Kugelnasen auf der Nase haben und rote und weiße Clownschminke im Gesicht?

»Eino, zweio, dreio!« schallt es durch die Krankenhausgänge. Doktor Tröööt biegt um die Ecke, bleibt mit Frau Professor vor einem mit Clownsgesicht bemalten Briefkasten stehen, öffnet das Postfach. Fünf oder sechs Bilder wurden eingeworfen, gemalt von kranken Kindern, von denen eines Krebs und das andere nur einen operierten Blinddarm hat. »Für den Klinikklaun«, steht auf einer Buntstiftzeichnung, ein anderes Bild ist groß mit »Tobias« signiert. Es zeigt wohl ihn selbst im Bett, mit über seinem Kopf baumelnden Infusionsflaschen und der nicht zu übersehenden Aufschrift »Chemoterapi«. Das ist der Ernst im lustigen Leben der Klinikclowns.

»Eino, zweio, dreio!« Jetzt geht es aber endlich los. Tröööt und Mehlwurm klopfen an Patricks Zimmertür. »Rein!«, ruft es von drinnen raus. Tröööt und Mehlwurm öffnen die Tür.

»Wo ist hier der Rhein? Ich sehe keinen Rhein. Ich sehe auch keine Donau«, sagt Tröööt.

Patrick lacht. »Ich meine: herein.«

Und der Klinikclown: »Ich heiße nicht Herr Rein, ich heiße Herr Doktor Tröööt.«

»Patrick meint, Sie sollen hereinkommen«, hilft Mehlwurm weiter.

»Aber ich bin doch schon drinnen. Wo ich bin, ist drinnen. Und vor der Tür, das ist draußen«, überlegt Tröööt. »Meint Patrick vielleicht, ich soll jetzt hinausgehen, damit ich hereinkommen kann, wenn er ›herein‹ sagt?« Patrick sitzt im Bett, klatscht seine kleinen Fäuste vor Lachen auf die Bettdecke, schreit: »Dableiben!« und »Ich will auch ein Clown sein!«

»Patrick will ein Clown sein«, plappert ihm Mehlwurm nach.

»So, so. Sososo! **Patrick will ein Clown sein«,** äfft Tröööt hinterher.

»Aber er kann ja gar kein Clown sein, er hat keine rote Nase«, findet Professor Mehlwurm.

»Nein, er kann unmöglich ein Clown sein, weil er nämlich keine rote Nase hat. Unmöööglich.«

Patrick hopst mit hochroten Ohren im Bett hin und her.

Mehlwurm: »Ja, was machen wir jetzt?«

Tröööt: »Ja, was sollen wir jetzt machen?«

»Ich will eine rote Nase«, quengelt Patrick dazwischen.

»Frau Professor Doktor Doktor Mehlwurm, haben Sie das gehört? Patrick will auch noch eine rote Nase! Er will nicht nur ein Clown sein, er will auch eine rote Nase. Haben Sie das gehört?«

»Natürlich habe ich das gehört, Herr Doktor Tröööt. Natürlich! Zu was hat man denn Ohren, wenn nicht zum Hören?«

»Ich habe meine, um darauf zu schlafen.«

»Sie sollen jetzt nicht schlafen, sondern Patrick operieren. Wir müssen ihm jetzt ganz schnell eine rote Nase auf seine Nase operieren.«

»Ja, ganz schnell, eine rote Nase. Auf seine Nase.«

Patrick freut sich auf die Operation, lässt sich ins Kopfkissen zurückplumpsen, schreit: **»Ja, ja, bitte operieren!«**, kneift die Augen zusammen, damit er wie in der tiefsten Narkose aussieht.

»Dann wollen wir mal operieren, Herr Doktor Tröööt.«

»Das werden wir. Wir werden jetzt operieren. Frau Professor Mehlwurm und Herr Doktor Tröööt werden dem Patrick eine rote Nase auf seine Nase operieren«, verkündet Tröööt und wirft sich in die Brust.

Patrick liegt immer noch mit zusammengekniffenen Augen da und kann die Operation kaum erwarten ...

»Eino, zweio, dreio!« Tröööt zieht sich das gelbe Maßband vom Hals, hält es Patrick an die Stirn, misst die Temperatur: »Zwölf Zentimeter Fieber, wir müssen sofort operieren!« Mehlwurm ist mit Watte und Tupfern und etlichen anderen Utensilien zur Stelle, dann zieht Tröööt aus seiner Kitteltache eine kugelrunde, weiche rote Schaumstoffnase und setzt sie seinem kleinen Patienten mitten ins Gesicht. Mit einem

»Aufwachen, Patrick, Operation geglückt!« schüttelt Frau Professor den Tiefschlafsimulanten wach. Und der springt auch sofort hoch. Tröööt hält ihm einen kleinen Handspiegel vors Gesicht, damit er sich selbst überzeugen kann: »**Operation geglückt!**«

Mehlwurm und Tröööt beglückwünschen sich ausgiebig, schütteln einander die Hände: »Glückwunsch, Herr Doktor!«

»Glückwunsch, Frau Professor!«

Und damit aus Patrick auch wirklich ein richtiger Clown wird, hat die Frau Professor einen Luftballonschlauch aufgeblasen, den sie jetzt zu einer Art Gummihelm dreht und ihm über den Kopf stülpt. Doktor Tröööt malt ihm währenddessen mit weißer und roter Zirkusschminke einen riesengroßen Grinsmund ins Gesicht. »Den wasch ich nie ab«, sagt Patrick zum Abschied, jetzt selbst ein Clown und glücklich.

Abschied, denn die Doktoren Tröööt und Mehlwurm müssen sich auf den Weg zu ihrem nächsten Patienten machen, den langen Krankenhausgang entlang, vorbei an geparkten Minirollstühlen und Postern an der Wand, mit der gestreiften Tigerente aus dem Tigerenten-Club und der grinsenden Schlange Kaa aus Disneys Dschungelbuch. Am Ende des Gangs treffen sie auf Lisa. Lisa kommt ihnen an der Hand ihrer Mutter entgegen. Die zwei machen keine glücklichen Gesichter. »Eino, zweio, dreio! Was ist hier loso?« stürzen die Klinikclowns auf die beiden zu. »Wir kommen gerade vom Punktieren«, erläutert die Mutter.

»Aha, vom Punktieren, aha, aha«, legt Tröööt los. Dann zieht er, ratzfatz, wieder seinen Schminkstift aus der Tasche, und ehe sich's Lisa versieht, hat sie einen Punkt auf der Stirn und einen auf der Backe, noch einen auf der Backe und einen am Kinn.

»Sie punktieren heute aber viel, Herr Kollege«, kommentiert Mehlwurm.

»Ich punktiere heute praktisch ohne Punkt und Komma. Auch die Mama von Lisa muss noch punktiert werden.«

Und schon hat Lisas Mutter den Schminkstift und mindestens zehn Punkte im Gesicht. Lisa lacht. Punktieren war noch nie so lustig. Und tut diesmal auch überhaupt nicht weh.

»**Los, los, los**« – jetzt geht es ins nächste Zimmer. Hier warten schon Leonard und Stephan. Stephan hätte eigentlich heute nach Hause gedurft, aber er wollte partout nicht: »Ich bleibe hier. Im Krankenhaus ist es so lustig, da kommen immer Clowns.« Mit Mühe lässt sich Stephan von den Schwestern überzeugen, dass er wieder gesund ist und sein Bett von Kindern gebraucht wird, die krank sind. Stephan sieht das ein, handelt aber aus, dass er noch bis heute nachmittag bleiben darf, bis die Clowns da waren.

Und dann klopft es auch schon, und schon sind sie da. Mit jeder Menge neuem Klamauk. Doktor Tröööt hat seine Spritzpistole dabei, mit der spritzt er jetzt im Zimmer herum: »Die Patienten bekommen jetzt eine Spritze.«

Mehlwurm spannt ihren mitgebrachten löcherigen Schirm auf. Ein neues Spiel entwickelt sich.

»Frau Professor, wieso spannen Sie Ihren Schirm auf, es regnet doch nicht?«

»Aber Sie spritzen herum.«

»Ich spritze nicht herum, ich gebe Spritzen, Frau Doktor Doktor Mehlwurm.«

»Ich brauche keine Spritze mehr, ich bin doch gesund«, fährt Stephan dazwischen.

»Dann braucht Stephan auch keine Spritze mehr. Dann können Sie ihm Ihren Schirm geben, Frau Kollegin. Damit er nach Hause gehen kann, wenn er gesund ist.«

»Aber es regnet nicht. Draußen scheint die Sonne, Herr Kollege.«

»Dann braucht er eben einen Sonnenschirm«, findet Tröööt.

»Das ist aber ein Regenschirm«, meint Mehlwurm.

Am Ende ihrer Zehnminutenvorstellung basteln Tröööt und Mehlwurm dem kleinen Stephan aus Luftballonschläuchen einen Schirm für den Heimweg.

»Das ist jetzt ein Sonnenregenschirm«, sagt Tröööt.

»Oder ein Regensonnenschirm«, setzt Mehlwurm noch eins drauf.

Szenen wie diese gibt es tausend zu erzählen. Denn neben Doktor Tröööt und Frau Professor Mehlwurm sind noch die Damen und Herren Doktor Schnipsel, Doktor Klexs, Doktor Tapsel, Doktor Murks und Doktor Nix in den Krankenhäusern unterwegs. Und viele mehr. Sie alle gehören zu einer Gruppe, deren Geschichte Ende 1997 in München begann. Ihr Name: Klinik Clowns. Mit einem e.V. dahinter.

Die Idee kommt aus Amerika. Hier hat man den griechischen Arzt Hippokrates und seine Empfehlung, der Mediziner solle seinen Patienten fröhlich, heiter und strahlend gegenübertreten, früher beherzigt als in Europa. »Als wir in Stanford mit den Forschungen begannen«, berichtet der Lachexperte Fry, »herrschte in der Medizin Konsens darüber, **dass Humor und Krankenhaus nichts miteinander zu tun haben.** Bis Patch Adams kam.« Von dem berühmten Arzt und Pionier der Klinikclown-Bewegung wird erzählt, wie er ein an Gesichtstumor erkranktes Mädchen zum Lachen brachte. Er hatte sich zur Visite eine Tumorattrappe ins Gesicht geklebt. Nach Adams' nicht immer so drastischen Pioniertaten begann man in den USA ab 1985, in Kinderkliniken mit Clowns zu arbeiten, Anfang der neunziger Jahre kam die Idee nach Europa.

In Wien erlebt die Schauspielerin Elisabeth Makepeace – »kein Künstlername, ich bin mit einem Amerikaner verheiratet« – zum ersten Mal Klinikclowns. Begeistert bringt sie die Idee nach München, im Januar '98 tölpelt die erste Clownvisite durch die Intensivstation der Haunerschen Klinik. »Manchmal sind die Kinder so krank, dass sie nicht spielen können. Dann kommen die Clowns, erzählen die wunderlichsten Dinge und fühlen sich in die Phantasiewelt der Kinder ein, eine Welt, die andere Erwachsene schon längst vergessen haben«, erinnert sich eine Krankenschwester an ihre Besuche. »Wir versuchen«, sagt Clown Makepiece, »den Kindern den Heilungsprozess zu erleichtern. Jenen, die nur für kurze Zeit stationär im Krankenhaus sind, vor allem aber den Langzeitpatienten mit schweren Erkrankungen, für die Abwechslung besonders wichtig ist.«

Und Abwechslung kommt mit den Clowns allemal: »Manchmal müssen wir selbst über den **Klamauk der Clowns lachen,** das entspannt richtig bei unserem Stress«, meint eine andere Krankenschwester. Und die Ärzte? Die wissen von Kindern, die das Krankenhaus richtig toll finden, weil da die Clowns kommen: »Das erleichtert unsere Arbeit enorm. Sie sind zur vierten Kraft neben uns, dem Pflegepersonal und den Angehörigen geworden.«

Die vierte Kraft spricht sich herum: Fernsehen und Zeitungen berichten über die unorthodoxen Heiler in der Münchner Kinderklinik, Ärzte informieren ihre Kollegen auf Seminaren über das Haunersche Experiment, andere Krankenhäuser werden auf die Clowns aufmerksam, erkundigen sich nach Möglichkeiten der Zusammenarbeit: eine Spezialklinik für rheumakranke Kinder in Garmisch-Partenkirchen, das Kinderkrankenhaus in Landshut, die Intensivstation der Kinderkardiologie im Deutschen Herzzentrum, drei Kinderstationen im Krankenhaus München-Schwabing und, und, und... Mittlerweile hat Elisabeth Makepiece siebzehn Klinikadressen in und weit um München in ihrem Adressbuch stehen, in denen sie und ihre mittlerweile zwanzig Clownkollegen nach dem Motto »Eino, zweio, dreio« zur Visite anrauschen.

Das Arbeitsfeld der Klinikclowns ist äußerst sensibel. Für ihren Einsatz brauchen sie nicht nur humoriges Talent, sondern vor allem Einfühlungsvermögen im Umgang mit Kranken, auch mit Sterbenden und mit deren Angehörigen. Kein leichter Job. Anders als der Clown im Zirkus führt der Klinikclown kein einstudiertes Programm auf, sondern improvisiert sich von Krankenbett zu Krankenbett, »weil jeder neue Besuch eine neue Situation zwischen Kind und Clown herstellt«. Der einzige Fixpunkt während der Clownvisite ist der, den Arzt und alles, was er macht, ad absurdum zu führen, um dem Krankenhausalltag etwas von seinem Ernst und Schrecken zu nehmen.

»Meistens fällt einem dazu spontan etwas ein, an das man fünf Minuten vorher noch gar nicht gedacht hat«, erläutern Corinna Duhr und Markus W. Schmidt ihre Arbeitsweise. Mit Schminke und roter Nase im Gesicht hießen die beiden vor kurzem noch Professor Doktor Doktor Mehlwurm und Doktor Trööööt. Corinna und Markus sind Schauspieler, wollten aber irgendwann ihre künstlerische Arbeit mit sozialem Engagement verbinden. Wie fast alle »Clownärzte«, die abends experimentelles Theater oder Kabarett machen und vielleicht auch in dem einen oder anderen Fernsehkrimi zu sehen sind. Reich werden die **Humorheiler** mit ihren Auftritten allerdings nicht. Hundertfünfzig bis zweihundert Mark bekommen sie pro Kliniktag, je nachdem, wie weit sie anreisen. Dafür müssen sie aber auch an Workshops und Seminaren zur Weiterbildung teilnehmen. Das Geld kommt ausschließlich von rund siebzig Spendern: von großen Firmen, Stiftungen, Rundfunkanstalten, aber auch vom Benefizspiel eines Fußballvereins.

Der kleine Gemeindesaal einer Münchner Vorstadtpfarrei, Montag abend um acht. Zwanzig Clowns sitzen im Kreis, ungeschminkt, in Jeans oder auch im Anzug. Sie heißen jetzt nicht Doktor Tapsel und Doktor Nix und Doktor Schnipsel, sondern Diana, Stephanie, Markus, Peter. Alle vier bis sechs Wochen treffen sie sich zur Supervision, besprechen Profanes oder schütten sich gegenseitig ihr Herz aus. Profanes: Prayan fällt für die nächsten Wochen aus. Er ist bei einer Theatervorführung von den Stelzen gestürzt, hat sich am Arm verletzt. »Wer kann für ihn einspringen?« fragt Peter, heute so eine Art Sprecher der Gruppe. Blättern in den Terminkalendern. »Mach ich«, sagt Markus. Fall erledigt, nächster Punkt.

»Mir wird von Eltern immer wieder Geld zugesteckt, ich will aber nichts annehmen. Was soll ich machen? Zurückgeben?« fragt Susi. Susi ist relativ neu im Kreis der Clowns und in solchen Dingen noch unerfahren.

»Manche Menschen wollen auf diese Weise danke sagen«, meint Markus.

»Also annehmen?«

»Nein«, findet Peter, »ich nehme nie Geld an. Ich integriere das in mein Spiel.«

»Und wie machst du das?« will Susi wissen.

»Ganz einfach.« Er steht auf und macht im Handumdrehen aus der Supervision eine Spielsituation, hebt eine imaginäre Münze in die Höhe und legt los: »Oh, ich habe Geld geschenkt bekommen! Schau, schau, schau.«

Sofort steigt Markus ein: »Du hast Geld geschenkt bekommen. Schöön, schöön, schöön.«

»Schau, schau, schau, wie das Geld funkelt.«

»Ich schau ja schon. Schöön, schöön, schöön.«

»Ob man das Geld auch essen kann – ich hab großen Hunger?«

»Ob du das Geld auch essen kannst? Wenn du Hunger hast, dann kannst du das Geld essen. Wer Hunger hat, kann alles essen.«

»Dann ess ich jetzt das Geld, denn wer Hunger hat, kann alles essen.«

»Und du hast ja Hunger.«

»Ich habe sogar sehr großen Hunger.« Peter tut so, als ob er eine Münze zwischen die Zähne stecken würde, beißt drauf: »Das Geld ist aber sehr hart, das kann man ja fast nicht essen.«

»Dann hast du auch keinen richtigen Hunger, wenn du das Geld nicht essen kannst.«

»Aber dann brauch ich doch gar kein Geld, wenn ich es nicht essen kann.«

»Nein, dann brauchst du kein Geld, wenn du es nicht essen kannst.«

»Aber was soll ich dann mit dem Geld machen?«

»Nimm es einfach und wirf es da drüben ins Waschbecken. Im Wasser wird das Geld sicher weich, dann können wir es essen, wenn wir das nächste Mal wiederkommen.«

»Gute Idee, sehr gute Idee, eine sehr gute Idee.«

»Das war meine Idee, eine sehr gute Idee!«

»Eine wirklich sehr gute Idee – wir werfen das Geld ins Wasser und essen es, wenn wir das nächste Mal kommen.«

»Eine sehr gute Idee! Glückwunsch!«

»Glückwunsch!«

Für die Einlage gibt es Lachapplaus von den Clownkollegen. Und Susi weiß jetzt, wie ein Clown das macht: Geld zu nehmen, ohne es zu nehmen.

Einer der Clowns hat im Internet einen amerikanischen Versender für gigantisch gute Clownsnasen entdeckt, hat auch schon eine bestellt, lobt: »Kleben fest, sitzen bequem, rutschen nicht.« Jetzt macht eine Orderliste die Runde.

Doch nicht immer geht es bei diesen Supervisions-Treffen so heiter zu. Denn Klinikclown zu sein, das ist viel mehr, als immer nur Klaumauk in der Klinik zu machen: »Wir sehen Tag für Tag krebskranke Kinder, Zehnjährige, die Leukämie haben, kahlköpfig von der Chemotherapie, Kindern mit schweren Herzfehlern, Kinder mit Aids. Damit klarzukommen, das kostet schon Kraft. Und manchmal geht dem einen oder anderen die Kraft aus«, erläutert Makepiece. »Um sich darüber auszutauschen, wurden diese Abende vor allem eingerichtet. Als Therapie für die Therapeuten, damit sie mit Situationen umgehen lernen, mit denen nur sehr schwer umzugehen ist.«

»Jeder von uns entwickelt einen nahen und intensiven Kontakt zu den Kindern, vor allem zu denen, die lange bleiben müssen, die man oft besucht«, berichtet Markus. »Und dann wird man von der Stationsschwester abgefangen: Der Christian ist gestern früh gestorben. Das treibt dir schon Tränen in die Augen. Und fünf Minuten später sollst du dann wieder der Lustige sein: Eino, zweio, dreio. Denn auf Station 24a warten die Kinder auf dich.«

»Eino, zweio, dreio! Llosss!« Und zwar schnell, denn auf Station 4 warten bereits Zilly und Oliva. Zilly heißt eigentlich Frau Zillenbiller und ist ein ganzes Stück jünger als Oliva, die demnächst ihren Neunzigsten feiert. Wir sind flugs von der Kinderklinik ins Altenheim gesprungen, denn seit rund zwei Jahren sind die Klinikclowns auch bei den Senioren unterwegs. Konkret heißt das heute, dass **Frau Klexs und Frau Machtnix,** die ohne Clownnase, Ringelpullover und Ringelstrümpfe Monika Kecht und Gabriele Maier heißen, im Damenstift am Luitpoldpark ihre Scherze treiben. Und wie sie's treiben: »Eino, zweio, dreio!« und hinein ins Zimmer von Zilly.

Der Fernseher läuft, auf dem Nachtkästchen schlummern zwei Versandhauskataloge, daneben Harrers *Sieben Jahre in Tibet*, auf dem Bett liegt aufgeschlagen die Abendzeitung, im Bett liegt etwas niedergeschlagen Zilly. Und das schon seit Jahren. Ihre Beine machen nicht mehr mit. Will sie gehen, muss man ihr schenkelhohe Stützschienen anlegen. Doch kaum sind die Clowns da, geht es ihr schon besser. »Da kommt Leben in die Bude«, sagt sie und lebt mit den Clowns auf.

Papu hat seine Kamera gezückt, um zu dokumentieren, wie Leben in die Bude kommt, das Blitzgerät ist eingeschaltet. Dann ein Fingerdruck auf den Auslöser.

»Jetzt hat's aber blitzt«, zuckt Frau Klexs zusammen, und fast rutscht ihr die rote Nase von der Nase.

»Dann wird's auch gleich regnen«, wirft Frau Machtnix ein.

»Das macht nichts, Frau Machtnix, da spann ich einfach meinen Regenschirm auf.« Schon zieht sie aus ihrem Clownkoffer einen kunterbunten Regenschirm heraus, spannt ihn über sich und Frau Zillenbiller auf. Und dann beginnt es auch tatsächlich zu regnen, weil Frau Machtnix aus ihrer weiten, wild karierten Pluderhose eine Spritzpistole gefischt hat und gezielt auf den Schirm spritzt.

»Auf meine Frisur aufpassen, auf meine Frisur aufpassen«, kichert und kreischt Frau Zillenbiller dazwischen.

»Macht nichts, macht nichts«, meint Machtnix immer wieder, holt aus der anderen Tasche einen Kamm hervor, groß wie ein kleiner Gartenrechen, und versucht Frau Zillenbiller zu frisieren. Und obwohl die Haare längst nicht so sitzen, wie sie sitzen sollten, schütteln sich Klexs und Machtnix wild die Hände. »Schöne Frisur!«

»Eine besonders sehr schöne Frisur!«

»Frau Zillenbiller hat heute eine ganz besonders sehr schöne Frisur.«

»Glückwunsch!«

»Glückwunsch!«

Und weil's gar so lustig ist, singen die Damen Klexs, Machtnix und Zilly zusammen noch ein Lied:

«Ich will mir keine Haare raufen, will mit Wasser mich besaufen,
will ein Fisch im Wasser sein, wär das schön, wär das fein!«

Ende der Vorstellung: »Auf Siederwehen, auf Siederwehen«, winken die Clowns in Zillys Zimmer hinein, dann bleibt Frau Klexs mit aufgespanntem Schirm noch im Türrahmen hängen. »Macht nichts«, sagt Frau Machtnix zum weiß Gott wievielten Mal. Frau Zillenbiller lacht, winkt zurück, lacht immer noch, dann geht es weiter.

Sechsjährige Kinder lachen in harmonischer Umgebung etwa vierhundert Mal am Tag. Eine Konstante, die kleine Inderinnen mit Mäxchen von nebenan verbindet.

Hat Lachen mit den Göttern zu tun? In Indien zumindest beginnen alle Lachübungen aller Lachclubs mit dem Summen des heiligen Aummmm. Hände zum Himmel hochheben, Lippen locker und dann losbrummen. Die Lachclubs von San Francisco bis Berlin haben sich diese Technik zu eigen gemacht. Auch hier heißt es: Arme hoch, tief einatmen, nach vorne kippen und sich vor Lachen ausschütten. Selbst Susufuri, der Zeremonienmeister des japanischen Lachfests (u.r.) folgt dieser Technik, wenn er den Menschen Lachsalven entlocken will.

Masken machen lachen. Fliegende Händler verkaufen das Plastikzeug beim Lachfest in Kawabe an die Kinder. Ein Grund mehr für die Göttin Niutsuhime, sich an den Possen zu ihren Ehren zu erheitern.

Unverwechselbar: Finger und Nase von Titino. Titino Carrara und sein Bruder Armando gehören zu den großen Meistern der italienischen Commedia dell'Arte.

Und die Commmedia dell'Arte, sagt Titino »ist Lachen, ist die wahre Katharsis. Das läutert nicht, das reinigt nicht. Nein, das spült richtig durch.«

»Die Zeit mit Lachen zu verbringen ist wie die Zeit mit Gott zu verbringen«, lautet ein Motto der Lachclubs. Vielleicht schickt man deshalb beim japanischen Lachfest die Kinder vor, damit sie mit ihrer Heiterkeit eine zürnende Gottheit besänftigen. Denn ein bemaltes Gesicht vertreibt alle Sorgen und alles Böse, wie man auch an Klinik-clown Doktor Tröööt und seinem Patienten Patrick sieht.

Weiter zur demnächst neunzigjährigen, fast tauben Oliva, der die beiden Clowns aus Luftballonwürsten eine große Gummiblume basteln und mit einer Tröte die Ohren volltröten. **»Eine Gepurtztakspumme, eine Gepurtztakspumme«,** albert Gabriele alias Machtnix, »ein Gepurtztakslit, ein Gepurtztakslit«, schreit Klexs hinterher. So geht es durch die Zimmer, so geht es durch die Gänge.

»Unser Repertoire fürs Altenheim ist deutlich anders als für unsere Arbeit mit den Kindern«, erklären Gabriele und Monika später. »Kinder sind viel spontaner und direkter. Aber singen oder mit einer Handpuppe spielen, damit lockt man auch alte Menschen aus der Reserve.«

Hans Kopp, Heimleiter in München, geht dieses Thema in einer Studie analytisch an: »Die Tätigkeit der Klinikclowns weckt und fördert den Zugang zu sozial-emotionalen und kommunikativen Ressourcen, gerade bei den am schwersten beeinträchtigten Bewohnern mit altersbedingter Denk- und Gedächtnisstörung oder Demenz auf Grund ihrer Alzheimer-Erkrankung. Der Zugang zu diesen Ressourcen verbessert wesentlich die Lebensqualität der Bewohner, die auch durch häufig auftretende depressive Verstimmungen gefährdet ist. Es zeigte sich, dass Demenzkranke, die sonst kaum soziale Reaktionen zeigen, im Umgang mit den Clowns neue Kraft zu kommunizieren fanden. Sie wurden wacher, zeigten **Neugierde, Erstaunen und Freude.** Vertrauen und Sympathie entstand, Hemmungen wurden spielerisch gelockert. Die Bewohner konnten aus ihrem Alltag entfliehen, depressive Stimmungen wurden durchbrochen, und es entstand eine entspannte, fröhliche Atmosphäre. Die Bewohner wurden auch untereinander mitteilsamer, der Clownsbesuch stimulierte den sozialen Austausch, Erlebnisse und Stimmungen wurden miteinander geteilt. Die Fähigkeiten zur Interaktion wurden geweckt und gefördert.«[2]

Aussehen kann das dann so: Klexs und Machtnix sind draußen auf dem Gang unterwegs. Aus einem Pusteröhrchen blasen sie den Seniorinnen Seifenblasen vor die Nase, Klexs nimmt einer älteren Dame im Rollstuhl für eine kurze Zeit ihren Gehstock ab, dreht ihn um, zieht eine rote Schaumstoffnase aus ihrer Hosentasche, wirft sie auf den Boden, spielt damit eine Art Minigolf auf dem blank gebohnerten Gang. Und zwei, drei, jetzt sogar fünf der alten Damen stehen auf und spielen, leicht hinkend und humpelnd, das Spiel mit. »Tor!«, schreit Klexs, als der Nasenball zwischen den Beinen eines Tischs hindurchkullert. Und Frau Machtnix schüttelt die Hände der alten Dame, die mit ihrem Stock das Tor geschossen hat, schüttelt überhaupt alle Hände aller anwesenden alten Damen. »Glückwunsch!«, und immer wieder: »Glückwunsch!«

»Die Clowns sind so lustig«, sagt nachher eine von ihnen, während sich die Aufzugtüren hinter Gabriele und Monika schließen.

»Erdgeschoss?«

»Nein, da fahren wir lieber nicht hin, da wird immer geschossen.«
Vorletzter Gag für heute.

Im Lift erfahren Papu und ich, dass Monika ausgebildete Clownin ist, so richtig mit Prüfung und Examen. Gabriele dagegen war früher einmal Seiltänzerin und ist immer noch firm im Feuerschlucken. Zehn Jahre Zirkusarbeit hat sie hinter sich, doch jetzt ist sie mit Leib und Seele Klinikclown. »Damit die Seele keine Kummerfalten bekommt«, macht sie Tai-chi. »Das ist meine stille Seite.«

»Macht nichts«, sagt Papu in das Summen des Aufzugmotors hinein. Letzter Gag. Lachen im Lift.

Gabriele und Monika finden, dass sie heute ziemlich gut waren. **»Gespielt wie die Feuerwehr«,** sagt Monika. Aber das hat, darin sind sie sich einig, »mit dem letzten Wochenende zu tun«. Und vor allem mit Dieter. Doch das ist eine ganz andere Geschichte, die an dieser Stelle nicht erzählt werden will. Nur so viel sei verraten: Sie beginnt, natürlich, mit »Eino, zweio, dreio. Llosss...«

Die Schule der Heiterkeit

Wie Menschen sich in Katzen verwandeln, aus denen Affen, Ratten und dann Hunde werden, die mit ihren Herrchen Gassi gehen. So zumindest neulich in München passiert. Und auch in Hannover. Worüber keine Zeitung berichtet, obwohl die Sache mit Papier zu tun hat.

»Eino, zweio, dreio! Llosss! Und springen! Und die Nase aufsetzen!« Im Saal des Tanzstudios schwingt der Parkettboden. Kein Wunder: Zwanzig Leute hüpfen mit rudernden Händen in die Höhe. »Eino, zweio, dreio! Hey!« Setzen ihre roten Kugelnasen auf, verwandeln sich mit einem Handgriff zum Clown.

»Eino, zweio, dreio!« Die ganze Clique kennen wir doch: Corinna da vorn, hinter ihr Gabriele, Peter und Prayan, Monika ... die Klinikclowns. Alle zusammen. Von Mehlwurm bis Machtnix, von Trööööt bis Klexs. Nur den Mann da drüben, der als einziger keine rote Nase trägt, haben wir noch nie gesehen. »Das ist Dieter«, klärt mich Diana auf. Dieter ist für ein langes Wochenende nach München gekommen, um die Klinikklamauker so richtig aufzupolieren. Nicht, dass sie an Glanz verloren hätten, aber zweimal im Jahr leisten sich Klexs und Co. »professionelles Training«. Leisten sich so jemanden wie Dieter, der Clownlehrer ist und in Hannover eine richtige Clownschule betreibt: »Deutschlands erste«, wie er sagt, »staatlich anerkannt und voll Bafög-berechtigt.«

Es ist Sonntag vormittag. Die Klinikclowns stehen im Kreis, Dieter in der Mitte: »Wir nehmen jetzt unsere Nasen ab«, sagt er, »die stören bei der Atemübung nur.« Atemübung. Langsam die Arme hoch, einatmen, langsam die Arme herunter, ausatmen. Wie Wind im Wald rauscht es durch das Tanzstudio. Einatmen, ausatmen. Langsam einziehen, stoßweise ausatmen: *Ha ... ha ... ha ... ha ... ha ...* Schließt man die Augen, schieben sich Bilder aus Bombay über die Netzhaut, so sehr ähnelt eine Situation der anderen: Kiran und Rupali, Mister Hinduja und Parveti Nair. Der Lachclub im Joggers Park, die Lacher im Lokhandwala Park, die Clowns aus der Klinik. Arme hoch, einatmen. Arme fallen lassen, ausatmen. Kumar und Doktor Klexs, Machtnix und Madan Kataria. Von der Aura einer lachenden Welt hat der Lachdoktor gesprochen! Eine Vision? Zumindest beginnen **Lachübungen** in München und in Maharashtra nach dem gleichen Schema. *Ha ... ha ... ha ... ha ...* oder auch *Ho ... ho ... ho ... ho.*

Dann klatscht Dieter in die Hände und beginnt sie zu reiben. Alle machen mit: »Als wollten wir zwischen den Handballen ein Feuer entfachen«, sagt Dieter. Bei Doktor Kataria haben wir erfahren, dass Klatschen die Akupressurpunkte an den Handflächen stimuliert. »Wir spüren, wie es heiß wird, und wir spüren, wie sich die Hände in Pfoten verwandeln, wir haben jetzt keine Hände mehr, wir haben jetzt Pfoten, und wir spüren, wie wir zu Katzen werden.« Bevor Dieter es vormacht, sind die Clowns schon auf alle viere geglitten, schneiden Katzengrimassen, schleichen aneinander vorbei. Katzengeräusche fauchen durch den Saal: *Ch, ch, ch.* »Vielleicht kommt es zu freundschaftlichen Rangeleien«, ruft Clownlehrer Dieter den Clowns zu, auf dass sie noch mehr zu Katzen werden. Und tatsächlich: Da balgen sich zwei Clownkatzen, bis ein Clownkater dazwischenfaucht und Ruhe ist. »Seid auch bereit, Verliererpositionen einzunehmen. Jeder muss bei diesen Rangeleien auch einmal verlieren.« Die beiden Katzen nehmen sich Dieters Anweisung zu Herzen und knöpfen sich den Kater vor, hetzen ihn quer durch das Tanzstudio übers Parkett, erhaschen ihn, balgen sich mit ihm.

»Wir nehmen diese Balgerei als Übergang zu den Bewegungen des Affen«, fordert Dieter nach fünf Minuten Katzendasein auf. Diana mischt ihrem Gefauche als Erste ein Kreischen bei, und auch Peter zeigt sich als Experte bei der Katzen/Affen-Transformation. Wie der König der Pavianhorde hüpft er zwischen den Noch-Katzen hindurch, reißt sie mit seinem Bellen und Zähnezeigen mit, so dass aus der Katzenstube im Nu ein Affenfelsen wird.

»**Da sind Flöhe unterwegs**«, meldet sich Dieter wieder, was aber gar nicht nötig gewesen wäre, denn längst lausen sich Corinna und Prayan den imaginären Pelz. Gabriele hat das kleine Äffchen in sich entdeckt, Peter wirft sich in Alpha-Affen-Pose. Doch er hat die Rechnung ohne Markus gemacht. Der ballt die Hände zur Faust, trommelt sich auf die Brust, stößt einen Schrei aus, als wäre er weit weg im Regenwald, rennt auf Peter zu, brüllt los, wird ganz Gorilla, zeigt, wer hier Herr im Haus ist.

Das archaische Muster funktioniert. Selbst im Spiel, auch bei den anderen Clowns. Die jetzt aber längst schon Harro und Hasso heißen, denn die Verwandlungsreise ist weitergegangen und bei den Hunden angelangt. Kläffen und keilen ist angesagt, sich beschnuppern. Corinna geht Markus, der eben noch König aller Urwälder war, an die Gurgel, der winselt und lässt sich in Demutshaltung auf den Rücken rollen.

»Seid wach für wechselnde Stimmungen«, weist Dieter den Weg durch die halbe Arche Noah, auf dem man jetzt bei den Ratten angekommen ist. »Wir verkleinern unsere Hundeexistenz, werden zu einem kleinen biestigen, ekligen Köter, werden immer kleiner, spüren, wie unsere Augen winzig werden und unsere Schneidezähne hervortreten und wie wir in Ecken, die wir gerade noch als Hunde beschnuppert haben, raschelnd nach Futter stöbern. Selbst Dieter hat ein Rattengesicht angenommen, während die Clowns, nachdem sie Katzen und Hunde waren, ganz Ratte sind, mit hochgezogenen Nasen, spitzen, schmalen Lippen und nach außen geknickten Händen, »damit sich das Rattengefühl so richtig einstellt«.

Während Rättinnen und Ratten über das Tanzbodenparkett huschen, zerknäuelt Dieter zerrissene Zeitungsseiten und verteilt sie in den Ecken, versteckt sie hinter Heizkörpern. »Ratten sind intelligente Tiere«, ruft er in die animalische Runde, »vielleicht können sie sogar sprechen.« Wir sind jetzt Ratten die sprechen können, die sich mit ihren Fiepstimmen alles erzählen, dass sie einen Fetzen Zeitung gefunden haben, dass sie ...« **Fiep, fiep, fiep,** piepst es durch den Ballettsaal, die Rattenmenschen stecken ihre Köpfe zusammen: »Fiep, fiep, schau, schau – ich habe ein Stück Zeitung gefunden. Fiep, fiep!«

»Ratten sind sehr intelligent, aber auch sehr geschwätzig. Sie wiederholen alles vier oder fünf Mal«, sagt Dieter weiterhin mit Rattengesicht an. »Schau, schau, ich habe ein Stück Zeitung gefunden. Schau schau, ich habe ein Stück Zeitung gefunden.«

»Ratten sind auch höflich, und bestätigen, was sie gehört haben«, entwickelt der Clownlehrer das Spiel weiter. »Du hast ein Stück Zeitung gefunden, du hast ein Stück Zeitung gefunden«, tuscheln die Clownratten vor sich hin. Aber nicht lange.

»Wir verlassen jetzt die Ratte, nehmen aber dieses Echoprinzip auf unsere weitere Reise mit. Wir plappern, plappern, plappern und erzählen alles, was wir tun.«

Monika und Stephanie gelingt im Nu der Absprung aus der Rattenexistenz – keine fiepsigen Stimmen mehr, keine rattenhaft huschende Sprache.

»Schau, ich habe eine Zeitung gefunden.«

»Oh, du hast eine Zeitung gefunden.«

»Ja, und zwar eine sehr schöne Zeitung.«

»Eine schöne Zeitung, die du da gefunden hast. Ich möchte auch so eine schöne Zeitung – schenkst du mir deine?«

»Wir setzen jetzt unsere Nasen auf, plappern weiter, spüren, wie der Clown in uns wach wird und wir über das Plappern unsere Wünsche emotionalisieren«, weist Dieter den weiteren Weg und holt sich seinen roten Nasenball am roten Gummifaden aus der Hosentasche.

»Nein, meine Zeitung bekommst du nicht.«

»Ich bekomme deine Zeitung nicht, ich bekomme deine Zeitung nicht.« Zwischen Monika und Stephanie entwickelt sich im Handumdrehen eine clowneske Balgerei, in die sich gleich auch die anderen einmischen, Raufhändel, gemischt aus Affengebalze und Katzengefauche, mit Hundegewinsel und Rattenflucht: »Gib mir die Zeitung, gib mir die Zeitung!«

Zwanzig Klinikclowns, die Katzen, Affen, Hunde und Ratten waren, balgen sich um die *Süddeutsche* und die *Hannoversche Allgemeine* von vorletzter Woche, ziehen und zerren. Nach einer guten Stunde können sie nicht mehr, sitzen im Kreis, finden es großartig, gigantisch, gorillahaft und geil, was in der letzten Stunde mit ihnen passiert ist. Lachen nur mehr.

»Zehn Minuten Pause«, sagt Dieter.

In zehn Minuten erfährt man viel: Beispielsweise, dass vor fünfzehn Jahren eine Corinna von Kietzell, ein Ralf Höhne und eben Dieter Bartels, alle aus der freien Theaterszene kommend, eine Theaterschule gegründet haben. TuT, was für »Tanz und Theater« steht, haben sie sich genannt und »nach ein paar Jahren entdeckt, dass unsere Arbeit immer mehr in Richtung Komik und Clownschulung ging«. Heute zählt TuT europaweit zu den besten Ausbildungsstätten für Clowns. Das sagen nicht Dieter oder Ralf, sondern Kenner der Szene. Drei Jahre dauert die Lehre bis zum Clownmeister. Jeder, der die **tausend Tage des verschärften Klamaukens** hinter sich hat, schließt mit einer Art Meisterstück ab, einem von ihm entwickelten Auftritt, mit dem er und die anderen Absolventen sich als Ensemble, als »Clown Comedy Show«, im Künstlerhaus Hannover vorstellen und anschließend auf Tournee gehen.

In zehn Minuten erfährt man viel: Beispielsweise ein paar Grundregeln des Clownspiels. »Nicht der Clown ist lustig, sondern die Zuschauer, die sich über ihn lustig machen, nicht der Clown lacht, sondern sein Publikum. Eine Art Schadenfreude ist das, eine asoziale Haltung, durch den Clown legitimiert.«

Und: »Das Wesen des Clowns ist die Vergrößerung, besonders von Nebensächlichkeiten. Die Karos seiner Jacke sind groß, seine Schuhe sind viel zu groß, seine Emotionen über Nichtigkeiten sind gigantisch. Damit das alles noch riesiger erscheint, sind die Gegenstände, mit denen er sich umgibt, winzig. In einer großen Hosentasche ein winziger Geldbeutel, in einem riesigen Koffer eine klitzekleine Geige.«

Oder: »Es ist nicht wichtig, was ein Clown tut, es ist wichtig, wie er es tut.«

»Und wie sollte er es tun?«, will ich von Dieter wissen.

»Das muss man lernen, das muss man sich selbst erspielen. Am besten kommst du nach Hannover und machst einen Clownkurs mit. Manche Fragen beantworten sich nur in der Praxis.«

Vier Wochen später ist Praxis in Hannover. In einer alten Lagerhalle, die sich Theatergruppen, eine Weinhandlung und das TuT teilen. Ein bunter Haufen hat sich heute mit mir eingefunden: Brigitte ist Heilpädagogin und macht Theaterarbeit in einer Waldorf-Schule, Julia ist Krankenschwester und Psychologin, will aber Klinikclown werden oder »mit Problemjugendlichen in der Gewaltprävention arbeiten«. Andrea, ebenfalls Krankenschwester, behandelt Depressive in der Psychiatrie. Christiane ist schon Klinikclown und möchte bei Dieter ihre Spiellust auffrischen. Björn kommt eigentlich aus Berlin, macht dort Straßentheater, »zieht aber mit Freundin, Tochter und Hund im Zirkuswagen durch die halbe Welt«. Rüdiger ist Mathematiker, entwickelt Software und ist auf der Suche nach dem Clown in sich.

Abgewetzte Trainingshosen haben alle an, ausgewaschene T-Shirts, die einen sind barfuß, die anderen rutschen in löcherigen Wollsocken wie Schlittschuhläufer über den Spanplattenboden der Lagerhalle. Werkstattatmosphäre.

»Eino, zweio, dreio! Wir stellen uns im Kreis auf«, beginnt Dieter den Unterricht. »Schon in München gehabt«, denke ich mir. Einatmen, ausatmen, einatmen, ausatmen. Bombay in Hannover, **Lacher aller Länder, vereinigt euch:** *Haha, hoho, haha, hoho.* Wird hier für die Sonne gelacht? Arme hoch, Arme runter.

»Wir lassen die Arme nicht einfach herunterfallen, wir schwingen mit ihnen und schwingen fester. Wir lassen sie vorn bis zur Brust und hinten bis zwischen die Schulterblätter schwingen«, beginnt Dieter den Clown-Workshop. Und Brigitte schwingt, und Björn und der Softwaremann, Petra und Rüdiger, Andrea und ich. Dieter schwingt mit: »Und das Schwingen setzt sich fort in den Schultern, wir beginnen unsere Schultern zu rollen.« Björn und Brigitte rollen, Rüdiger rollt, Dieter rollt mit: »Wir genießen diese Bewegung, wir schenken uns diese Bewegung, und wir spüren, wie sie den ganzen Rücken erfasst, wie sie die Wirbelsäule hinabwandert.« Brigitte und Björn verbiegen sich im Stil von Bauchtänzerinnen. Andrea hat sich und ihr Rollen schon weiter entwickelt, sie lässt das Becken kreisen, und gleich kreisen alle im Kreis mit.

»Die Reise durch unseren Körper geht weiter«, sagt Reiseleiter Dieter, reist mit, schenkt seinem Oberschenkel ein Kreisen, seinem Knie, seinem Fuß, seinen Zehenspitzen. »Wir bereisen mit diesen Bewegungen unseren ganzen Körper, wir bleiben in den Ecken, in denen es uns am besten gefällt, wir kosten den Körper in seiner Beweglichkeit aus.

Und dann nehmen wir auch unser Gesicht dazu, wir kreisen mit dem Mund und mit den Backen und mit den Augen und den Augenbrauen. Wir wollen dabei nicht schön sein.«

Das sind wir nun wirklich nicht. Andrea schielt, Björn macht eine lange Lippe, als ob er sich in einen Ameisenbär verwandeln möchte, Wolfgang wirft seine Arme über den Kopf. Körperarbeit heißt das im Fachjargon. »Und dann reisen wir wieder zurück, von den Zehenspitzen hoch in die Knie und in die Oberschenkel und ins Becken. Dort schläft eine Schlange, die wollen wir jetzt wecken. Wir spüren auch schon, wie sie sich ausringelt, um unsere Wirbelsäule windet, wie sie in unseren Kopf kriecht, wie wir selbst Schlange werden.« Christiane richtet sich bereits kobragleich auf, wölbt die Brust, Dieter muss keinem mehr das Kommando zum Zischen geben, denn auch aus Björn und Brigitte, aus Wolfgang und Petra sind gefährliche Boas und Mambas geworden: *Zzzzzzz, Zzzzzz, Zzzzzz.*

Schlangenbeschwörung im TuT, **Indien in Niedersachsen.** Und die Reise geht weiter, aus Schlangen werden Marder, aus Mardern werden Hunde ...

»Kennen wir schon«, denkt sich jetzt ein jeder – und denkt falsch! Denn auf Dieters Anweisung werden aus manchen Hunden biestige Köter und aus anderen genervte Hundehalter. Die einen ziehen und zerren an imaginären Leinen, die anderen schütteln und schimpfen: »Halt, hierher! Halt, sitz! Halt, brav!« Wer ein folgsamer Hund ist, wird gestreichelt. Zeitungen werden zu Stöckchen gerollt, die Herrchen werfen, die Hündchen holen. »Die Hündchen müssen ganz in ihrer Rolle aufgehen, dürfen nichts lieber tun, als Stöckchen holen, Hundsein ist ihre einzige Aufgabe«, motiviert Dieter zum Hundeleben. »Sooo«, sagt er dann, »und jetzt vertauschen wir die Rollen: Die Herrchen werden zu Hunden und die Hunde zu Herrchen.« Vom König zum Knecht zum Köter. Das Spiel beginnt von vorn ...

Beim gemeinsamen Mittagessen erklärt Dieter der versammelten Runde, was das alles soll: Herr und Hund, und vor allem, was Herren und Hunde mit Komik und Clownerie zu tun haben. Und so lernen wir, dass es Hochstatus und Tiefstatus und die entsprechenden Figuren dazu gibt. Dass Hund Tiefstatus ist und Herr Hochstatus. Und dass sich aus dem Konflikt von beidem alle Komik entwickelt. Dieter nennt berühmte Beispiele: der schräge Karl Valentin und die seinen Launen ausgelieferte Liesl Karlstadt. Aber auch die kleine kluge Mickymaus und der dumme Goofy. Natürlich Stan und Ollie. Und nicht zuletzt: das klassische Clownduo aus elegantem Weißclown im schillernden Glitzerkleid und dem dummen August in karierter Jacke und gestreifter Hose, viel zu großen Schuhen und einem viel zu kleinen Regenschirm.

Mickymaus, Ollie und Weißclown – alles Hochstatusfiguren. Sie repräsentieren die Werte der bürgerlichen Gesellschaft: Besitz, Bildung, Ansehen, hehre Kunst. Damit Komik entsteht, brauchen sie die Dummen, die Goofys, die sich an ihnen reiben.

Wie das geht? Der Weißclown kommt in die Manege. Mit bedeutender Miene und großer Geste gibt er bekannt: »Ich spiele jetzt für Sie eine Sonate von Paganini.« Er holt aus seinem weißlackierten Geigenkasten eine Violine hervor und will zur hohen Kunst ansetzen. Just in diesem Augenblick tollpatscht der dumme August in die Manege. »Ich spiele jetzt für Sie eine Tonate von Gapanini.« Auch er greift in seinen abgewetzten Geigenkoffer, zieht aber eine kleine Trompete heraus. Dummkopf, denkt sich der noble Weißclown: »Es heißt Paganini-Sonate.«

»Genau. Es heißt Natasini-Ponage. Wir spielen jetzt für Sie eine Natasini-Ponage.«

Der Weißclown wird schier weiß vor Wut. Der dumme August weiß nicht, wie ihm geschieht. So geht das Spiel fünf oder auch zehn Minuten. Der Weißclown steigt und steigt im Hochstatus, der dumme August fällt in ein **Tal von Dummheit** und immer tiefer in den Tiefstatus. »Wenn die Entfernung zwischen beiden am größten ist, lassen wir die Situation kippen: Herr wird Hund und Hund wird Herr.«

»Wie soll das gehen?«, wird Dieter von den Clownschülern gefragt: »Ganz einfach: Der dumme August nimmt seine kleine Trompete und spielt Paganini mit so viel Gefühl und Hingabe, wie der Meister es selbst nicht besser könnte – und auf einer Trompete schon gar nicht.«

Nach dem Mittagessen wird Dieters Statustheorie gleich in clowneske Statuspraxis umgesetzt. »Denkt daran«, sagt er noch, »allein der Tiefstatus ist komisch. Der Hochstatus ist in seiner Aufgeblasenheit nur absurd. Und noch etwas: Wehrt euch nicht gegen den Status, lebt ihn völlig aus. Also: Der Herr ist nichts lieber als Herr. Aber auch der Hund geht völlig in seinem Hundeleben auf. Er kennt nichts Schöneres.«

Und dann? Dann geht es los: »Eino, zweio, dreio!«

»Halt, halt, halt!«, ruft Dieter dazwischen. »Noch etwas!« Alle lachen. Herr oder Hund sein macht offensichtlich richtig Spaß. »Eine wichtige Clownregel ist: Sich nicht wirkungsvoll verteidigen. Das gilt vor allem für den, der den Hund, Knecht, Dummkopf spielt. Also los!«

Jetzt geht es los: »Eino, zweio, dreio!« Sprung. Hinein ins Clownleben. Keiner lacht mehr.

Erstes Spiel: Rote Nase aufgesetzt! Und an der Nase herumgeführt. Andrea und Rüdiger stehen sich gegenüber. Einen Meter etwa. Andrea hat ihren Arm und den Zeigefinger ausgestreckt. Rüdiger muss mit seiner Nase Andreas Finger folgen. »Der Abstand zwischen Finger und Nase soll immer gleich bleiben«, erklärt Dieter. Rüdiger rennt quer durch den Raum, weil Andrea ihre Herrinnenrolle auskostet. Lockt ihn in die hinterste Ecke und unter einem Tisch durch, fährt mit der Fingerspitze über den Boden. Rüdiger kriecht und krabbelt, wohin Andrea und ihr Finger es wollen. Die Regel verlangt es so. Rüdiger muss über den

Boden robben, hinter die Heizung schnuppern. Ein tieferer Tiefstatus ist nicht mehr möglich, nicht mehr denkbar. »Warte nur, bis ich zum Herrn werde«, wird sich Rüdiger wohl wünschen, obwohl er seine Rolle perfekt ausspielt, kriecht, buckelt, sich beugt. Wie Björn und Brigitte, die von Petra und Christiane an der Nase geführt werden.

»Halt! Wir vertauschen die Rollen. Die Herren und Damen Hochstatus genießen jetzt den Tiefstatus und umgekehrt. Und vergesst nicht, die Tiefstapelfigur soll die Hochstapelfigur ungeheuer gern mögen«, erläutert Dieter weiter die Regeln von Unterwürfigkeit und Dominanz. Geschlagene zehn Minuten geht es so. Aus Lautsprechern scheppert italienische Clownmusik von Nino Rota. Fellini hatte sie einst für seinen Film *8 1/2* komponieren lassen.

Zweites Spiel: Wer ist der Erste? Dieter klebt ein gelbes Klebeband auf den Boden, quer durch den Raum. »Hier ist die Bühne zu Ende – ihr dürft nicht über den gelben Streifen treten«, gibt er Anweisung. »Wir stellen uns hintereinander auf, aber jeder versucht der Erste in der Reihe zu sein und das auch gestisch und akustisch zu dokumentieren. Also: Nasen aufgesetzt und ... Eino, zweio, dreio ...«

Aus Brigitte, Andrea, Rüdiger, Björn, Christiane und Wolfgang wird ein wilder Haufen. Jeder will, muss der Erste sein, drängelt sich vor, schiebt sich dazwischen, drückt die anderen weg, schubst, schiebt. **»Eins«,** schreit Rüdiger und reißt die Arme hoch wie ein Torschütze beim Treffer, **»zwei«,** plärrt Brigitte direkt hinter ihm her. **»Eins«,** kreischt Christiane, die flugs auf Rüdigers Rücken gesprungen ist und jetzt die Nase vorn hat. **»Eins«,** triumphiert Björn. Er ist zwischen Rüdigers Beinen durchgekrabbelt und hat sich frech vor ihm postiert. Große Geste natürlich, die Arme weit wie Adlerschwingen, die Finger zu Krallenklauen gespreizt. **»Zwei«, »eins«, »eins«, »zwei«.** Die zaghafte Brigitte wurde ganz nach hinten abgedrängt. »Neun«, zirpt ihr dünnes Stimmchen hinter allen hervor. Doch dann packt sie die Wut, sie nimmt all ihren Mut zusammen und springt mit einem mächtigen Satz mitten in die Frontkämpfer, vor die Frontkämpfer. Siegerpose, Arme hochgeworfen: »**EINS!!**«

»Wir rollen uns jeder eine Zeitung zur Keule, damit wir unseren Forderungen mehr Nachdruck geben können«, heizt Dieter die Führungskämpfe an.

Wuschschsch – Rüdiger zieht kräftig durch. »**Au!**« – »**Eins!**« Andrea zerfleddert ihre *Hannoversche Allgemeine* auf Björns Kopf. »Haut zu, zeigt euren Ärger, zeigt, dass ihr Erster sein wollt«, stachelt Dieter den keilenden Haufen weiter an. »Eins!« Christiane hat sich selbst ihren zerbeulten Clownhut vom Kopf gerissen, haut jetzt wie wild damit auf die Köpfe. »**EINS!**«

»Stopp, stopp, stopp!«, bremst Dieter und dreht den Spieß um: »Jetzt wollen wir höflich zueinander sein. Wir wollen uns entschuldigen. Wir müssen uns vertragen.«

Klatsch! Brigitte zieht Björn noch eins mit der Zeitung über: »Entschuldigung, wir müssen uns vertragen.«

»Wir müssen uns alle vertragen«, plappern alle nach. »Entschuldigung!« Klatsch.

»WIR MÜSSEN UNS ALLE VERTRAGEN!«, brüllt Björn den Haufen an. Langsam kommt die Horde zur Ruhe.

»Du hast ja richtig zugeschlagen«, beschwert sich Petra nach der Übung. »Und du erst«, gibt Björn zurück. »Das hat richtig weh getan.«

»Konntet ihr euren Status genießen?«, fragt Dieter grinsend in die Runde. Natürlich konnten sie. Und wie!

Die nächste Übung heißt »Hühnerhofspiel«, die vierte dann »Wir lassen uns fotografieren«, eine fünfte »**Zwei Hunde warten vor dem Metzgerladen**«. Und immer geht es um Status. Um Oben und Unten. »Der Zuschauer merkt das natürlich nicht, er analysiert nicht – aha, hier ist ein hierarchisches Gefüge und eine archaische Struktur wie bei einem Wolfsrudel –, er erlebt nur, wie der eine den anderen gängelt, ihn ausnutzt, ihn als Dummen vorführt. So funktioniert Clownspiel«, doziert Dieter nur ganz kurz zwischen den Übungen. »Damit man versteht, um was es geht. Damit man erkennt, dass Schlagen ein Tabu ist, das wir brechen. Damit man erlebt, dass Schlagen ein Thema ist, das wir in unserer sozialen Umwelt nicht zulassen wollen. Damit wir den Konflikt mit unseren kulturellen Werten, den Konflikt zwischen Emotion und Ratio aufbrechen. Verletzen wir dieses Tabu, dann ist es, als ob man den Stöpsel zieht und der Geist aus der Flasche zischt.« Alle haben verstanden. Björn überlegt sich, ob er noch mal eine Zeitung zusammenrollen soll: »Entschuldigung, wir müssen uns jetzt vertragen!«

Letztes Spiel: Es heißt **»Herr und Hocker«.** Hinter dem gelben Klebeband, also auf der Bühne, steht ein Stuhl. Der ist für den Herrn. Fünf Meter davon entfernt ein wackeliger Hocker. Breitbeinig, mächtig, selbstsicher und arrogant thront der Herr auf seinem Stuhl. Auf dem Hocker hockt klein und geduckt ein dummer August. Er will eigentlich nichts, nur vielleicht seinem Herrn ein bisschen näher sein. Zentimeterweise rückt er deshalb mit dem Hocker an den Herrn heran. Und der Herr? Der hat alle Macht über den Hockerrücker. Er kann ihn großzügig herwinken oder wegbefehlen, von einer Ecke der Bühne in die andere scheuchen, sich von ihm seinen Stuhl oder sogar die Schuhe polieren lassen. Paarweise spielen alle diese Variante von Herr und Hund durch, der Rest sitzt da und schaut und staunt, welche Menge an gestischen Varianten dieses simple Thema zulässt. Dann werden wieder die Rollen vertauscht. Gesprochen wird nicht. Auch nicht, wenn man selbst an die Reihe kommt. Stille Szenen in Hannover, zum still Lachen. Ganz leise.

Ach ja! Bei all dem Hannoveraner Krach und Spektakel hätten wir sie fast vergessen. Die Klinikclowns in München und ihren Workshop mit Dieter. Wie ging es denn da weiter? Natürlich haben auch sie Herr und Hund gespielt. Nur in der Münchner Variante. Der Herr als derjenige, der etwas findet, und der dumme August als richtig dummer Hund. Weil er eben nichts findet. Dieter hatte in einem riesigen Haufen Zeitungspapier in kleine Stanniolfitzel eingewickelte Gummibärchen versteckt. Die sollten von den Klinikclowns, aufgeteilt in Zweiergruppen, gefunden werden. Großes Wühlen in den Papierbergen.

»Schau, ich hab etwas gefunden!«

»Das ist schade schön. Ich hab nichts gefunden.«

Einfach Sachen zum Lachen. Einfache Sachen zum Lachen. Sehr wirkungsvoll.

Zum Abschied gab Dieter den Klinikklamaukern noch **die goldene Regel allen Clownseins** mit auf den Weg: »Ein pflaumengroßer roter Punkt mitten im Gesicht macht einen Menschen zum Clown. Insofern ist diese rote Nase die kleinste Maske der Welt. Nehmt sie beim Auftritt nie ab und integriert sie nie in euer Spiel. Sätze wie ›Was hast denn du für eine komische Nase?‹ sind tabu. Denn die rote Nase des Clowns ist eine – seine – Selbstverständlichkeit.«

Titino kann das nur bestätigen, obwohl er in München gar nicht mit dabei war. Nur das mit der kleinsten Maske will er so nicht stehen lassen. Wer will das schon, so eine kleine Nase? Kein Wunder, denn Titino hat die größte Nase der Welt. »Fast größer als das da zwischen ...« Und er deutet mit seinen langen, dünnen Fingern in Richtung Nabel und noch ein Stückchen tiefer. Aber in diesem Punkt kann niemand mitreden, der Titino nicht kennt. Was sich umgehend ändern muss. Mit anderen Worten: »Los, losss, losss! Umblättern! Und lesen!«

Titino und seine Nase

Warum in Italien die Glocken läuten, wenn es lustig, also ernst wird. Wie das alles mit der Revolution und mit einer langen Nase zusammenhängt. Und vor allem: Warum die Brüder Carrara nichts mit Marmor, aber viel mit Lachen zu tun haben.

Still und rot wie Blut hängt der Bühnenvorhang. Doch da, ein leichtes Schwingen im schweren Samt. Und ein Rascheln. Und ein Raunen im Parkett. Was wird kommen, wer wird kommen? Eine weiße Hand und lange Finger, die sich gleich Spinnenbeinen vor den Vorhang schieben. Weiter nichts. Aber dann: Eine Nase. Ach, was sag ich: eine Gurke, eine gelbe Rübe von Nase. Jetzt schiebt sie sich wie ein Schwert vor den Vorhang, zerschneidet ihn gewissermaßen der Länge nach, wird länger und länger. Mein Gott, was hat der Mann für eine Nase! Und jetzt streckt er auch noch die Zunge heraus, macht sie lang und spitz, züngelt wie eine Schlange, rollt sie ein, als hätte er sie von einem Chamäleon ausgeborgt.

Im Parkett tobt, pfeift, kreischt es. »Silenzio«, sagt da der Nasenmann, »silenzio, per favore! Questa è arte« – Ruhe bitte! Das hier ist Kunst. Im Parkett tobt, pfeift, kreischt es nur noch mehr. Mit elegantem Sprung ist er jetzt ganz hinter dem Vorhang hervorgekommen, fährt sich mit seinem langen, dünnen Zeigefinger die lange, dicke Nase entlang. »Kunst!«, wiederholt er, als wollte er seinem Auftritt ganz besonderes Gewicht verleihen.

Aber wer nimmt ihm dieses Gewicht schon ab? Einem wie ihm, der mit durchgetretenen Lederstiefelchen und spitzkrempigem Hut aussieht wie ein Robin Hood, der sich ins Veneto verlaufen hat. Und diese Maske mit der gewaltigen Nase, und diese Zunge. Das Publikum kichert und kreischt immer noch über den Kauz. Zanni heißt er in dem Stück, das heute Abend gegeben wird. Es trägt den Titel *Le ridicolose gesta dello Zanni Innamorato*, **Die lächerlichen Taten** des verliebten Zanni. Das verspricht einiges.

Zeitsprung zurück: mitten hinein ins Cinquecento, mitten nach Venedig. Die Serenissima ist die mächtige Weltstadt und reich geworden durch den Handel mit dem Orient, mit Indien, ja sogar mit China. Eine Art New York des 15. Jahrhunderts. Doch anders als am Broadway liegt es mit dem Theater im Argen. Vorerst zumindest. Das hat viele Gründe. Gespielt werden langweilige Klassiker, Pflichtsprache auf der Bühne ist Latein. Für das gemeine Volk ist es, als wäre man in der Messe. Von dem, was gesprochen wird, versteht man nicht einmal die Hälfte. Und so gibt es weder etwas zu weinen, und erst recht nichts zu lachen. Der Kirche ist das nur recht. Sie hält das Theater für Teufelswerk, nur dazu da, die Sinne der Gläubigen zu verwirren und sie vom Weg der Erlösung abzubringen.

Doch Widerstand regt sich, eine Revolution bahnt sich an. Komödianten mit wilden Masken vor den Gesichtern kommen in die Stadt, pfeifen auf Tradition, auf Latein, hohe Kunst und Klerus. Sprechen ein vulgäres Italienisch, improvisieren auf den Markplätzen Szenen um Liebe und Leidenschaft, um Geiz und Geld, machen sich über einen reichen Kaufmann und einen stotternden Dottore lustig. Auf der Piazza drängen sich Menschen in dichten Trauben, lachen über die Possen. Geben Milch und Mehl, Eier und Hühner für das Lachen, das ihnen gebracht und geschenkt wird. Selbst die gebildeten Herren vom Hof amüsieren sich über die Possenreißer, über ihre rüden Witze, über dieses neue Theater auf der Straße, dem man den Namen Commedia dell'Arte gibt.

Nur die Kirche sieht in den Vagabunden Missionare Luzifers. Stirbt einer von ihnen, wird ihm die Bestattung in geweihter Erde verweigert. Die Commedia selbst kann sie nicht unterbinden, solange darin weder Gott noch Heilige noch Mönche zum Gespött werden. Doch sie schickt Spione unters Volk, die nur auf einen Fehltritt lauern, und Häscher, die zupacken, sobald einer der Vagabunden auch nur das Wort »Gott« oder »Himmel« ausspricht. Was die Narren natürlich nicht tun, schließlich kann man auch »hinter den Wolken« sagen. Das Volk freut sich über solch freche Spitzbüberei und lacht umso mehr. Dafür sorgen schon die *clacchisti*, die Vorlacher, die sich, wie die Spione, unters Marktvolk mischen und laut losprusten, sobald es etwas zu belachen gibt. Ein alter Trick, dessen schlechteste Variante wir heutzutage im Fernsehen erleben, wenn in amerikanischen Sitcoms noch an den lahmsten Stellen Gelächter vom Band eingespielt wird. *Cinema effect* nannte das Doktor Kataria, wenn einer lacht und alle, mit oder ohne Grund, mitlachen.

Denn Lachen steckt an. Auch in Oberitalien. Innerhalb weniger Jahre spielen sich die fahrenden Komödianten in die Herzen der Bürger von Padua, Vicenza, Verona, Ravenna, Bologna, werden populär wie heutzutage Rockstars. Und in der Tat: Es ist auch eine Art Pop-Kultur, die sie da treiben. **Kunst fürs Volk. Lachen fürs Volk.**

Dem Leben abgeschaut sind die Themen: Eifersucht, Geldgier, Untreue, Diebereien. Dem Volk abgeschaut sind die Figuren. Da ist Zanni, ein gewiefter Bursche aus den Bergen. Zu erkennen an seinem kleinen Beutel am Gürtel, der alles enthält, was einer braucht, der von seinem Herrn in die Stadt geschickt wird: ein Stück Brot, ein Silberling, den Brief des Padrone. Zanni kommt aus Bergamo, was man an seinem Bergstock erkennt, mit dem die Hirten in seiner Heimat Schafe und

Kühe treiben. Auch in der Stadt will er auf ihn nicht verzichten. Das allein macht ihn schon zur lachhaften Figur. Und seine Maske mit der langen, prallen Nase signalisiert allen, wie es um seine Lenden bestellt ist. Kein Wunder, dass er in der Stadt hinter jedem Rock her ist.

Im Lauf der Jahre mausert sich Zanni zum Arlecchino. Arlecchino treibt sich nicht mehr bei den Mägden herum, sondern gaunert sich als Diener feiner Herrschaften durch die Welt der Noblen. Nichts mehr von wegen löcheriger Hose und Bauerburschengehabe. Auch keine Vogelfeder am Hut, sondern ein modisch elegantes Kleid im Rautenmuster und türkische Schnabelschuhe am Fuß. Er wird zusehends feiner und gebildeter, der Lüstling und Satyr in ihm welkt dahin, die Nase wird erheblich kleiner.

Häufiger Nebenspieler von Zanni ist der Dottore, ein gelehrt schwätzender Pedant aus der Universitätsstadt Bologna, nicht minder weibstoll, aber mit weit weniger Vitalität gesegnet, etwas dick schon und deshalb auch etwas unbeweglich, was Hintern und Hirn angeht. Ganz anders dagegen der Capitano, ein geschniegelter, prahlsüchtiger Militär, ein aufgeblasener, stolzer Gockel, natürlich aus Spanien. Die Frauen finden ihn fesch, allen voran die kokette Dienerin Colombina, die auch Argentina oder Teresa heißen kann.

Ach ja, und dann ist da noch Pantalone. Ein mächtiger Kaufmann, reich, aber geizig, ein ungebremster Schürzenjäger, der sich Liebe erkauft, der hinter jedem Heller herrennt, ein angriffslustiger Hahn mit einem Schnabel als Nase und etwas Schweinehaftem in seinen gierigen Bewegungen. Dick natürlich, vollgefressen, feist.

Aus diesem Kabinett kurioser Figuren mischt die Commedia dell' Arte ihre schamlosen Neckereien, Satiren auf die Machthaber, heiteren Rachezüge des Volks und weckt so die Lust am Lachen.

Die Lust am Lachen, hervorgerufen durch vertrackten Wortwitz, Verwechslungen, Doppeldeutigkeiten und ein aberwitziges

Durcheinander verschiedenster Dialekte. Es ist, als ob das Tegernseer Bauern- und das Kölner Millowitsch-Theater ihre Ensembles mischen würden, mit Heidi Kabel und Harald Juhnke in weiteren Rollen. Vielleicht fehlt noch ein bisschen Schwäbisch, Fränkisch, Sächsisch, vielleicht auch Schwyzerdütsch, um alle Charaktere festzulegen: den Langsamen, die Sparsame, den Fröhlichen, den Schnellen, den Engstirnigen, die Kleinkarierte.

Zwei Jahrhunderte ziehen Generationen von Komödianten mit diesen Stegreifstücken durch Italiens Städte. Den Höhepunkt und das Ende der Commedia dell'Arte markiert Carlo Goldoni, der von Venedig nach Paris auswandert, sich dort an Molière orientiert, die Technik des improvisierten Possenreißens in die Hochliteratur hebt und seine Komödien fortan auf Französisch schreibt. Seine Reformen wirken auf das italienische Theater zurück, führen das Ende der Commedia dell'Arte herbei. Ende des 18. Jahrhunderts ist sie völlig in Vergessenheit geraten.

Fast völlig in Vergessenheit geraten, denn Mitte des 20. Jahrhunderts besinnt man sich wieder dieser Tradition. Freie Theatertruppen, vor allem aus Norditalien, entdecken das Stegreifspiel neu. Die Theaterwissenschaft wird später Giorgio Strehler und Dario Fo im Zusammenhang mit dieser Entwicklung nennen. »Es handelt sich jedoch sicherlich nicht um eine Exhumierung, sondern um eine Auferstehung der *Commedia* im wahrsten Sinn des Wortes, die nichts Leichenhaftes mehr an sich hat. Diese Auferstehung entspringt nicht einer plötzlichen Laune – es ist vielmehr wie das Aufnehmen eines Fadens, der noch nicht gänzlich abgerissen war«, schreibt Alberto Marcia.[3]

Schließlich ist da noch die Familie Carrara. Ursprünglich aus Sizilien kommend, zieht sie seit zehn Generationen den Apennin auf und ab, spielt unter freiem Himmel. Possen und Stegreifstücke. In Neapel und Palermo, in Siena und Florenz, in Verona, Vicenza und Venedig. »Wir waren arm, hungrig, aber populär« erinnern sich heute Titino und sein

Bruder Armando Carrara, beide um die Fünfzig und die jüngste Generation der Schauspielerfamilie, an Erzählungen ihres Großvaters. Auch seine Berichte über die Repressalien der Kirche haben sie noch genau im Ohr: »Der Pfarrer läutete die Glocken, damit man uns fahrende Schauspieler auf der Piazza nicht verstehen konnte.« Ein in Italien offensichtlich probates Mittel, um vermeintliche und wahre »Gegner von Gott und Glauben« mundtot zu machen. Nur nebenbei: Erinnern Sie sich an die Szene aus *Don Camillo und Peppone*, in der Don Camillo wie wild die Kirchenglocken schwingen lässt, sobald der Kommunist Peppone auf der Piazza mit seiner Wahlrede beginnt? Ein sicherer Lacher bei jeder Vorführung des Films.

Heute sind für die Carraras die Zeiten des Hungers und der Armut längst vorbei. Und populär sind sie immer noch. Eigentlich sogar mehr denn je. Auf Wanderschaft gehen sie schon lange nicht mehr, sondern auf Tournee. Auch auf Marktplätzen hat man sie ewig nicht mehr gesehen, dafür aber umso öfter auf der Bühne. Vicenza, nach dem Krieg zur neuen und festen Heimat des wanderlustigen Carrara-Clans geworden, hat den Komödianten sogar ein eigenes Theater zu Verfügung gestellt. Einen ochsenblutroten Rundbau, einst von Mussolini in Auftrag gegeben, in seiner funktionalen Strenge dem Bauhaus und der Neuen Sachlichkeit aber viel näher als aller faschistischen Respektheischerei. Mit roten Samtsesseln und einem samtenen Bühnenvorhang, rot wie Blut. La Piccionaia, **»Taubenschlag«,** haben die Carraras ihr Theater genannt, wohl ganz gegen die Intention der ursprünglichen Bauherren.

Natürlich spielen sie auch andere Sachen, Absurdes von Beckett beispielsweise oder Shakespeare-Kömodien, in denen Titino aber immer wieder »die Wurzeln der Commedia dell'Arte« entdeckt. Fünfzig bis achtzig Vorstellungen geben sie pro Jahr. Auch heute Abend ist es wieder so weit. Still und rot wie Blut wird der Bühnenvorhang hängen, und

Titino wird seinen langen Finger und sein nasiges Maskengesicht hinter ihm hervorschieben. Annalisa, im richtigen Leben Titinos Frau, wird als edles Fräulein auf der Bühne schmachten, und Argia, die Mutter von Titino und Armando, wird wie seit fünfunddreißig Jahren Pantalones Hosen anziehen. Ach so, auf dem Programm steht »Der verliebte Zanni«.

Armando hat »Zanni« vor ein paar Jahren im hintersten Winkel der Bibliothek des Museo Correr in Venedig ausgegraben. Als sogenannten Canovaccio, eine kurze Handlungsskizze, an der entlang die Schauspieler der Commedia dell'Arte improvisierten. Gut eintausend, vielleicht aber auch doppelt so viele solche Canovacci mag es geben. Genau weiß das niemand, nicht einmal Armando, der sich mehr als sein halbes Leben lang damit beschäftigt hat. Ein paar hundert dieser Spielskizzen hat er in mehreren abgegriffenen Lederkladden gesammelt oder auf der Festplatte seines Computers gespeichert – den Fundus der Carraras und ihrer dreißigköpfigen Truppe.

»Eine genaue Zahl kann keiner angeben. Denn die Commedia dell'Arte ist wie eine Wundertüte mit vielen witzigen Szenen, die wie Bausteine immer wieder neu zusammengesetzt werden: heimliche Liebschaften, Doppelungen und Verwechslungen von Namen, Herren, die sich als Diener ausgeben, und Diener, die so tun, als ob sie die Herrschaft wären. Dreiste Kaufleute, die durch Dummheit oder Geldgier ihren Reichtum verlieren, arme Schlucker, die durch ihre Dummheit säckeweise zu Dukaten kommen.«

Während Armando enthusiastisch wie ein in seine Forschungen verliebter Professor über Canovacci, Commedia dell'Arte und Rollenwechsel referiert, fallen mir Dieter, Mickymaus, Goofy sowie Herr-und-Hund-Spiele und die Theorie vom Hoch- und Tiefstatus ein. »*Si, si*«, sprudelt Armando weiter, »und Dagobert Duck, das ist der Pantalone des Comics. Nur etwas asexueller. Ein reicher Kaufmann aus Venedig – oder Entenhausen. Einerlei!« Und begeistert erläutert er weiter: dass man deshalb diese Scherze auf der ganzen Welt verstehe, dass man deshalb auf der ganzen Welt darüber lachen kann. Wie vor zwei Jahren, als La Piccionaia auf Japan-Tournee war. Und sich die Zuschauer vor Lachen bogen, obwohl niemand in Tokio oder Osaka auch nur ein einziges Wort Italienisch sprach. Herr-und-Hund-Verhältnisse gibt es offenbar rund um den Globus. Und rund um den Globus kann man über sie lachen.

Unterbrochen werden Armandos Wortkaskaden allein vom kurzen Anlesen einiger Canovacci. Er hat zwei oder drei der ledernen Kladden auf seinem Schoß liegen. »Hier, da ist es: Der verliebte Zanni.« Und als würde vor seinem inneren Auge die Aufführung bereits stattfinden, erzählt er Papu und mir die komplizierte Verwechslungsgeschichte von Zanni, der in dem Stück Adeliger, Kammerdiener, Wahrsager und spanischer Militär zugleich ist:

»Da ist Eolaria, die hübsche Tochter des Pantalone Magnifico. Oh, sie ist so hübsch. **Che bella, che bella.** Wie schön, wie schön. Eolaria hat, wie alle Töchter aus gutem Haus, eine Dienerin. Das ist Argentina, verheiratet mit Tartaglia, einem tollpatschigen Knecht. Und der ist dumm, ziemlich dumm sogar. **Che stupido, che stupido.** Weil Eolaria wie alle Frauen schwatzhaft ist, gesteht sie ihrer Dienerin Argentina die wahre Identität ihres Liebhabers. Es ist der Adelige Fabio, der sich seit zwei Jahren als Kammerdiener Zanni ausgibt, um seiner angebeteten Eolaria nahe zu sein.

Doch was passiert dann? Tartaglia erwischt Zanni, der eigentlich Fabio ist, an Eolarias Fenster. Der Tölpel glaubt, er stelle seiner Argentina nach. Ein wilder Streit entbrennt. Da ist es nur gut, dass der Kaufmann Pantalone Magnifico gerade von seiner Reise aus Venedig zurückkommt und die Händel zwischen beiden schlichtet. Damit wäre die Geschichte eigentlich erzählt, wäre da nicht Dottore Gratiano, etwas dick und auch nicht der Schönste.« Und hätte nicht Pantalone ihm die Hand seiner Tochter Eolaria versprochen. Aus dieser Konstellation entwickelt sich ein rasantes Spiel um versteckte und verschmähte Liebe, mit einem bunten Potpourri aus beabsichtigten und unbeabsichtigten Verwechslungen, Missverständnissen aufgrund von Sprach- und Hörfehlern, gegenseitig gestellten Fallen, in die alle Beteiligten mit absoluter Zielsicherheit tappen. Damit Fabio seine Eolaria zum Schluss doch noch bekommt, schlüpft er nacheinander in eine ganze Reihe von Rollen, bringt alle und sich selbst mächtig durcheinander und in die Bredouille, kommt aber schließlich doch ans Ziel.

Denken wir da nicht an **die Shakespeareschen Narren**, an **Nestroys Lust- und Lachspiele**, an englische Boulevard-Komödien, sogar an Peter Steiners Theaterstadel, wo der Jungbauer sich als Knecht ausgibt, nur um schneller bei der schönen Magd landen zu können? Ich erzähle Armando von einem Film, der vor einigen Jahren in Deutschland sehr erfolgreich war. Erfolgreich, weil man dabei so richtig lachen konnte: *Männer* von Doris Dörrie. Ich erzähle, dass in dem Film zwei Männer, der eine sehr erfolgreich, der andere ein Bohemien und Tagedieb, die Rollen tauschen. Nur um an eine Frau heranzukommen. »Sì«, sagt Armando mit seiner tiefen, gutturalen Stimme und obwohl er von Dörries Film noch nie gehört hat. »Sì, die Commedia dell'Arte ist so eine Art Urmutter aller witzigen Szenen. Alles, worüber die Menschen in den letzten fünfhundert Jahren gelacht haben, ist dort im Kern enthalten.«

Still und rot wie Blut hängt der Bühnenvorhang. Doch da, ein leichtes Schwingen im schweren Samt. Und ein Rascheln. Und ein Raunen im Parkett. Was wird kommen, wer wird kommen? Eine weiße Hand und lange Finger, die sich gleich Spinnenbeinen vor den Vorhang schieben. Weiter nichts. Aber dann: eine Nase. Ach, was sag ich: eine Gurke, eine gelbe Rübe von Nase. Jetzt schiebt sie sich wie ein Schwert vor den Vorhang, zerschneidet ihn gewissermaßen der Länge nach, wird immer länger. **Mein Gott, was hat der Mann für eine Nase ...**

Man braucht nicht lange zu erzählen, wie das Publikum sich von einem Lachanfall in den nächsten lacht, wie ein Komplott das nächste jagt. Zannis Wahrsagerei, Zannis Gebalze als Capitano, Pantalones cholerische Anfälle, Dottore Gratianos Stotterei, immer wenn es ernst wird, Argentinas Aufkreischen, immer wenn sie von Tartaglia erwischt wird. Titinos lange Nase, Handbewegungen von eindeutiger Zweideutigkeit. Selbst die Bravsten und Biedersten klopfen sich da auf die Schenkel.

Nach Ende der Vorstellung treffen sich Titino, Armando, Papu und ich in der Theaterkantine.

»Aha, Sie wollen also ein Buch über die Commedia dell'Arte schreiben«, stellt Titino fest.

»Nein, nicht über die Commedia dell'Arte, sondern über das Lachen.«

»Oh, da sind Sie bei uns falsch, in der Commedia dell'Arte wird nicht gelacht«, scherzt Titino und muss über den Scherz selbst lachen.

»Wi-wi-wiwiwiwir sind sehr ernst. Ba-ba-baba-**bei uns gibt es nichts zu lachen«,** unterstützt ihn Armando, der eine halbe Stunde zuvor noch den stotternden Dottore gespielt hat. Und wohl nicht damit aufhören kann.

»Warum lacht das Publikum über einen Stotterer?« will ich wissen.

»Kh-kh-kh-keiner hat über mich gelacht«, albert Armando weiter.

Wird wohl schwierig werden mit diesen beiden Komödianten, denke ich mir. Papu hat es leichter, er fotografiert in der Zwischenzeit die abgelegten Masken der beiden. »Für die Nase«, sagt er, »braucht man fast das Weitwinkelobjektiv.«

Titino gefällt die Bemerkung. »Die Maske hat ein gewisser Signor Donato Santori aus Padua gemacht«, erzählt er. Dann erfahren wir, dass Santori Bildhauer ist und ein Genie, was die Masken angeht; dass die Masken aus Leder sind und sich wie ein zweites Gesicht auf die Haut legen, dass Sartori schon für alle Großen gearbeitet hat. Für Dario Fo, Strehler, für die Pariser Oper. Und dass Masken gleich einem Vergrößerungsglas die Charaktere verstärken, der Geizige also noch geiziger und der Geile noch geiler erscheint.

»Die lange Nase?« werfe ich ein.

»Die lange Nase, aber nicht nur die«, ergänzt Titino. »Wichtig ist auch, **was ich mit meiner Nase mache,** ob ich mit dem Finger an der Nase entlang fahre. Oder ob ich die *serpente* mache.«

»Die Schlange? Das verstehe ich nicht?«

»Ist Ihnen meine Handbewegung vorhin nicht aufgefallen?«, fragt Titino und hebt dabei den Arm wie zum Gruß, schwingt ihn aber wie eine tanzende Kobra vor seiner Nase hin und her. »Das war an der Stelle, als der echte Fabio als nobler Herr vor den Pantalone trat. In der Commedia dell'Arte ist diese Figur der *serpente* ein beliebtes Signal. Dem Pantalone zeigt sie an: Der Mann ist weitgereist, er kennt die Gebräuche des Orients, er hat dort sicher gute Geschäfte gemacht. Er ist eine gute Partie.«

»Das Publikum«, unterbricht ihn sein Bruder, »sieht in der Handbewegung aber genau das, wofür eine aufgerichtete Kobra steht. Zannis Bemerkung, er wüsste für Eolaria einen viel besseren Ehegatten, bekommt da eine ganz spezielle Bedeutung. Darüber lacht das Publikum.«

»In der Commedia dell'Arte wird ständig nur angedeutet, aber nie etwas getan«, fällt Titino Armando ins Wort. »Hinter der Schlafzimmertür gibt es keine Menschen, sondern nur Tabus.«

Und dann kann Armando nicht mehr an sich halten. In einem mindestens halbstündigen Monolog kippt er das Füllhorn seines Expertentums aus. Etwa wie man durch Übertreiben die Leute zum Lachen bringt. »Schon der Taube ist lustig, weil alle anderen schreien müssen, damit er sie hört. Und dann versteht er es meistens auch noch falsch.« Dass Pantalone eigentlich eine Verballhornung von *piantare il leone* sei, was »den Löwen pflanzen«, also Venedigs Fahne setzen, bedeutet und schon wieder doppeldeutig sei. »Man kann ja Länder wie Frauen erobern und da wie dort Fahnen pflanzen.« Und dann kommt er zum Schluss: »In der Tragödie erlebt die Seele eine Katharsis. Sie wird gereinigt. Für uns aber ist die Katharsis in der Komödie. **Denn das Lachen, das ist die wahre Katharsis.** Es reinigt nicht. Es spült richtig durch.«

Schönes Schlusswort, denke ich mir. Sollte ich aufschreiben.

Doch für die beiden ist noch lange nicht Schluss. Ganz im Gegenteil. Aus der Theaterkantine haben sie für uns alle Spaghetti kommen lassen. Jetzt um Mitternacht. Und eine Flasche Rotwein. Da philosophiert es sich gleich noch besser. Ich müsse für mein Buch unbedingt *Il nome della rosa* lesen, meint Armando. »Unbedingt!«

»*Der Name der Rose*, Umberto Eco. Habe ich schon.«

»Ist Ihnen aufgefallen, dass das Buch im Grunde genommen vom Lachen handelt?«

»Natürlich!«

»Und von der Revolution!«

»Von der Revolution?«

»Wir Komödianten sind subversiv, das **Lachen ist subversiv**. Weil das Lachen keine Macht anerkennt und keine Regeln«, mischt sich Titino zwischen zwei Gabeln Spaghetti ins Gespräch ein: »**Das hat doch mit Revolution zu tun!**« Und ein Schluck Rotwein hinterher.

»Heute noch?« frage ich skeptisch.

»Sì.« Armando wischt sich den Mund ab, isst und erklärt gleichzeitig weiter. Vor ein paar Jahren haben sie den Pantalone einen ganzen Sommer lang so gesprochen, als würde Berlusconi hinter der Maske stecken.

»Es ist doch kein Unterschied zwischen einem reichen, gierigen und mächtigen Kaufmann aus Venedig und einem reichen, gierigen und mächtigen Medienmogul aus Mailand. Auch wenn vierhundert Jahre zwischen beiden liegen. Ihr Verhalten ist im Prinzip das gleiche. Und dagegen muss man sich wehren. Über sie zu lachen ist eine Möglichkeit«, meint Titino. Jetzt fast mit dem Eifer eines richtigen Revolutionärs.

»Und das Publikum?« will ich wissen.

»Hat die Anspielung sofort erkannt und noch mehr gelacht als sonst.«

Und dann erzählen die beiden, dass sie sich häufiger solche Späße erlauben. Dass der weltfremde, etwas tatterige Dottore plötzlich nicht mehr von der Universität in Bologna, sondern von der Universität Krakau kommt. Und jeder in Italien weiß, dass ein mächtiger Pole in Rom damit gemeint sein muss. »Man kann sein Italienisch so schön nachmachen«, sagt Titino lachend und beginnt ganz gegen seine sonstige schnelle Sprechweise schleppend über seine Spaghetti hinweg zu deklamieren, dass man denkt, jetzt kommt gleich der Ostersegen.

Der kommt nicht, dafür aber noch eine zweite Flasche Roter.

»Lesen Sie Eco noch einmal«, insistiert Armando. »Auch zwischen **Wein und Lachen** besteht ein Zusammenhang. Den werden Sie dort finden.«

»Ich trinke, also bin ich«, veralbert Titino die philosophischen Exkurse seines Bruders.

»Ich lache, also bin ich«, kontert der und fängt richtig laut an zu lachen. Erst später, nachdem Teller und Rotweinflaschen leer sind und Papu und ich Armando und Titino zum Abschied die Hände schütteln, fällt uns auf, was an dem Scherz so heiter war.

Hinter der Tür liegt ein Stapel Plakate auf, die der Drucker vor ein paar Tagen im Theater angeliefert hat. Sie warten noch auf »*mani che aiutano*«, wie Titino sagt, auf helfende Hände, die sie in den nächsten Tagen aufhängen. Damit ganz Vicenza weiß, wann und wo demnächst wieder gelacht wird. »Rido ergo sum« steht darauf, frei nach Descartes, der dachte und deshalb war. »Unser Lebensmotto«, sagt Armando. **»Ich lache, also bin ich.«** Oder: »Wer lacht, lebt.«

Titino nickt. Und schmunzelt. An die Nase hat er sich dabei nicht gefasst. Weder an die echte noch an die falsche. **»Und Eco nicht vergessen.«**

Wieder zu Hause in München und wieder am Schreibtisch, hole ich dann doch den Eco-Wälzer aus dem Bücherregal. Wo war das gleich wieder? Lachen und Rotwein und Revolution? Ich blättere die knapp siebenhundert Seiten durch (mein Gott, denke ich mir, andere sind noch viel fleißiger) und werde nach einer Viertelstunde Schmökern fündig. Im Kapitel »Siebenter Tag: Nacht«. Tatsächlich, zwei Mönche, William von Baskerville und Jorge, führen einen Disput über Rotwein, Revolution und Lachen:

Jorge: »Das Lachen ist die Schwäche, die Hinfälligkeit und Verderbtheit unseres Fleisches. Es ist die Kurzweil des Bauern, die Ausschweifung des Betrunkenen ... So bleibt das Lachen etwas Niedriges und Gemeines, ein Schutz für das einfache Volk, ein entweihtes Mysterium für die Plebs. Sagte nicht auch der Apostel: Es ist besser zu freien denn Brunst zu leiden? Statt euch aufzulehnen gegen die gottgewollte Ordnung, am Ende des Mahles, wenn ihr die Krüge und Flaschen geleert, wählt euch einen König der Narren, verliert euch in der Liturgie des Esels und der Sau ... Das Lachen befreit den Bauern von seiner Angst vor dem Teufel, denn auf dem Fest der Narren erscheint auch der Teufel als närrisch und dumm. Der lachende Bauer, dem der Wein durch die Gurgel fließt, fühlt sich als Herr, denn er hat die Herrschaftsverhältnisse umgestürzt. Doch das Gesetz verschafft sich Geltung mit Hilfe der Angst, deren wahrer Name Gottesfurcht ist... [Wer] aber die Komödien und Satyrspiele und Mimen rechtfertigt als wundertätige Heilmittel, die angeblich eine Reinigung von den Leidenschaften bewirken durch Darstellung eben der Mängel und Laster und Schwächen, der würde die falschen Gelehrten dazu verführen, in teuflischer Umkehrung des Verfahrens eine Erlösung des Hohen durch Akzeptierung des Niederen zu versuchen.« [4]

»Die Mächtigen fürchten die Kraft des Lachens«, höre ich wie von ferne Titino in meine Lektüre hinein sagen. Und mir kommt der Gedanke, ob man das Motto der Carraras nicht geringfügig erweitern sollte: »Ich denke, also lache ich, also bin ich.« Ich werde die beiden demnächst anrufen und ihnen den Vorschlag unterbreiten. Vorerst aber mal: Danke Armando, danke Titino, danke Umberto!

Mehr Sachen übers Lachen

Warum ein Hanswurst dauernd furzt, was ein Adventskranz in einer Gerichtsverhandlung soll und was die Milz mit dem Lachen zu tun hat. Ferner, wie aus einem Tiger ein Stein des Anstoßes wird und warum wir alle einmal im Jahr über ihn lachen.

Kojote ist wieder da: Er war auf der Jagd und traf Klapperschlange. Er blieb einige Zeit bei Klapperschlange stehen, um mit ihr zu reden. Kojote sprach gerne mit anderen Tieren, denn dann konnte er ihnen zeigen, wie schlau er und wie dumm sie waren. Kojote sagte also zu Klapperschlange: »He, Klapperschlange, ich habe heute auf der Jagd gute Beute gemacht. Komm doch morgen zu mir, dann können wir zusammen essen.« Die Geschichte kennen Sie. Und Sie erinnern sich auch an unsere Frage, warum Lakota, Pawnee und Apachen über Kojote lachen, wo wir Weißen doch gar nichts Lustiges an ihm finden. Lachen also Menschen unterschiedlicher Kulturen über unterschiedliche Sachen? Gibt es verschiedene Lachkulturen?

Das Kojote-Beispiel spricht dafür. Sehen wir genauer hin, entdecken wir in der Kojote-Geschichte eine Tabuverletzung. Und über verletzte Tabus wird rund um den Globus gelacht. Im Fall Kojote geht es bei der Tabuverletzung um Anmaßung. Bei den Indianern gilt die Klapperschlange als Symbol der Weisheit, sie ist spirituelle Verbindung zwischen Himmel und Erde und Symbol der kosmischen Dualität. Mit allen möglichen Tricks tut Kojote nun so, als ob er eine Klapperschlange wäre. Frech bindet er sich einen hohlen Kürbis mit Kieselsteinen an den Schwanz und macht sich damit zum Narren. Das ist lustig. Nicht für uns, weil wir die indianische Tiersymbolik und ihre mythologische Bedeutung nicht kennen, aber für einen Indianer.

Unterschiedliche Tabus lassen die Menschen in Japan über anderes lachen als die Bewohner Amazoniens. Und Amerikaner über anderes als Chinesen. Nur deshalb unterscheiden wir zwischen jüdischem und britischem, Berliner und rheinischem Humor, obwohl wie wir eigentlich zwischen jüdischen und britischen Tabus unterscheiden müssten.

Der Begriff »Humor« ist lateinischen Ursprungs. Er bedeutet Feuchtigkeit; das englische *humid* (feucht) hat hier seine Wurzeln. *Umor* war bei den Römern ein medizinischer Begriff und bezeichnete ein Temperament. Nach antiker Vorstellung wurden die unterschiedlichen Launen durch verschiedene Körperflüssigkeiten ausgelöst, und *umor* war für Heiterkeit, Lustigsein und Lachen verantwortlich. Die Redewendung vom »schlüpfrigen Witz«, der eigentlich ein »feuchter Witz« ist, erklärt sich damit ebenso wie der trockene Humor: ein Widerspruch in sich und schon deshalb lustig. In England entwickelte sich aus dem *umor* der *humour*. Ein Mensch mit *humour* ist einer, der sich mit seinen Manieren und seinem ganzen Verhalten außerhalb der gesellschaftlichen Norm stellt, einer also, der Tabus verletzt.

Nacktheit ist in vielen Kulturen ein Tabu. Im alten Japan beispielsweise, wo Niutsuhime sich auf den Weg zum Göttertreffen machte und mit ihrem Kleid in den Ästen eines Kieferbaums hängen blieb. Als die Menschen im Dorf sie nackt sehen, lachen sie über die hüllenlose Gottheit und brechen damit gleich das nächste Tabu. Kein Wunder, dass schwere Strafen über Kawabe kamen.

Bei den Indianern genießen die Alten sehr hohes Ansehen. Sie haben große Lebenserfahrung und sind die Hüter der Weisheit. Über sie zu lachen ist deshalb tabu. Genau das aber tun die Purepecha bei ihrem

Tanz der lachenden Alten. Nur weil er und das Lachen ein Geschenk an die Sonne sind, ist das Lachen legitim.

In den europäischen Kulturen wird durch Umgangsregeln festgelegt, was tabu ist. **Man furzt beispielsweise nicht in Gesellschaft.** Oder doch? Zumindest in den Hanswurstiaden des 17. und 18. Jahrhunderts. Kaum eine Posse, in der der Narr nicht mindestens einmal die Hose herunterlässt, seinen Hintern herzeigt und kräftig furzt. Je herzhafter ihm das gelang, desto mehr kreischte und lachte das Publikum.

Die Tradition des Narren reicht bis zu Fritz Teufel, seinem derzeit letzten Vertreter. Teufel, einer der Führer der 68-iger Studentenrevolte, erschien einmal mit einem Adventskranz auf dem Kopf zu seinem Prozess, funktionierte ihn zum Happening um und erhob sich zur Urteilsverkündung widerwillig mit dem Satz »Wenn's denn der Wahrheitsfindung dient«. Eine klassische Tabuverletzung! Gegen die Autorität von Gericht, Richter und Staatsanwälten, gegen das, wie man damals sagte, »herrschende System«. Die studentische Linke schlug sich vor Vergnügen auf die Schenkel, der Spießer als Wahrer von Recht und Ordnung tobte.

Witze zeigen knapp und klar den Mechanismus von Tabu und Tabuverletzung – und wie er zum Lachen führt. So versucht der obszöne Witz, einschränkende sexuelle Normen ins Lächerliche zu ziehen. Als Homosexualität noch tabuisiert oder sogar verboten war, erzählte man sich wesentlich häufiger Schwulenwitze als heutzutage. Es ist wie mit der Parodie auf einen Diktator. Der Tabubruch, über ihn zu lachen, funktioniert nur, solange dieser an der Macht ist. Die Karikatur eines gestürzten oder verstorbenen Despoten rührt uns kaum. Chaplins Film *Der große Diktator* war zu Hitlers Lebzeiten in England und Amerika ein großer Kinoerfolg, heute geht es uns mit dem Film wie mit der Kojote-Erzählung: interessant, aber sonst gerade mal zum Schmunzeln.

1942 ließ Mussolini das Lachen auf Italiens öffentlichen Plätzen verbieten. Damals ein Tabu, heute nicht mehr als eine kuriose Fußnote zur Geschichte des Faschismus. Vor weniger als fünfzig Jahren, als die christliche Dreiteilung des Jenseits in Himmel, Fegefeuer und Paradies unser religiöses Weltbild noch weitgehend bestimmte, waren Himmel- und-Hölle-Witze populärer und auch lustiger, als wir sie heute empfinden. Wer kam da nicht alles unerwartet in den Himmel? **»Kommen also Hitler, Stalin und der Papst in den Himmel ...«** – »Kommen zwei Schwule in den Himmel ...« – »Kommt ein Münchner in den Himmel ...«

Heute leben wir in einer weitgehend tabufreien Gesellschaft. Jeder darf eigentlich alles machen. Fast alles. Witze über Behinderte, die früher einmal Krüppel oder Idioten hießen, schicken sich nicht. Das war nicht immer so. Die Commedia dell'Arte verdankt viele Szenen der Verletzung dieses Tabus. Bucklige, Hinkende und Stotterer gehörten zur festen Besetzung. Ein Blinder und ein Tauber spielen zum Tanz auf. Fragt der Blinde den Tauben: »Tanzen die Leute schon?« Fragt der Taube den Blinden: »Spielen wir schon?«

Judenwitze (nicht *jüdische Witze*) liegen auf der Tabuskala mit deutlichem Abstand vor den Behindertenwitzen, gefolgt von allem, was sich über Ausländer lustig macht. Großmeister dieser aggressiven Tabuverletzung ist Harald Schmidt, deshalb auch Dirty Harry genannt: »Ein Satz mit drei Lügen? Schöner Pole fährt mit dem eigenen Fahrrad zur Arbeit.«

Oder, von mir irgendwann an einer Theke aufgeschnappt: »Kommt ein Neger mit einem Frosch auf der Schulter in seine Stammkneipe. Fragt der Wirt: ›Woher hast du denn den?‹ Sagt der Frosch: ›Aus dem Senegal.‹«

»Kürzlich las ich von Umberto Eco *Der Name der Rose* [nur nebenbei: Der Rahmen der Hose hat Otto daraus gemacht] und entdeckte mit

Freude und Spannung, dass ein Grundthema des Buches das Lachen ist«, schreibt Clown Dimitri in einem Essay über Humor.[5] Das haben wir schon von Armando erfahren. Was wir noch nicht wissen, ist, dass es in Ecos Roman um einen angeblich verloren gegangenen Klassiker der Antike geht: die zweite Poetik des Aristoteles. Ein erster Teil, die *Poetik*, ist erhalten und behandelt Epos und Tragödie. Außer einem sehr kurzen Absatz ist darin nichts über das Lachen und über die Komödie als dritte Gattung der Dichtkunst enthalten: »Sie ist, wie wir gesagt haben, die Nachahmung von Gemeinerem, aber nicht in Bezug auf jede Art von Schlechtigkeit, sondern nur des Lächerlichen, aber eine solche, die nicht schmerzt und nicht verletzt, so wie etwa eine lächerliche Maske hässlich ist und verzerrt, aber ohne Schmerz. Der Ursprung der Komödie nun bleibt verborgen, weil sie nicht ernst genommen wurde. Die Erfindung komischer Mythen stammt von Epicharmos und Phormis. Der Anfang kam aus Sizilien.«[6]

Aristoteles' Ausführung schließt abrupt nach den beiden ersten Kapiteln. Unter Altphilologen ist es bis auf den heutigen Tag eine Streitfrage, wie viel von dem ursprünglichen Manuskript, das sicher die allererste Theorie des Lachens enthält, verloren gegangen ist. Und vor allem, wann und warum dieser Teil verloren gegangen ist. An diesem Punkt beginnt Eco mit seiner Geschichte: Im Mittelalter versuchen fanatische Mönche, ein erhaltenes Exemplar dieser zweiten Poetik zu verstecken. Ihr Ziel: die Verbreitung des Lachens zu unterbinden, weil sie befürchteten, das Buch könnte die Menschen zum Lachen verleiten und damit vom rechten Glauben abbringen.

In Ecos Roman entspinnt sich zu diesem Thema ein Disput zwischen den Mönchen. Komödien, so die Argumente der klerikalen Antilachfraktion, wurden von Heiden geschrieben, um die Leute zum Lachen zu bringen. Doch Jesus habe weder Komödien noch Fabeln, sondern ausschließlich klare Gleichnisse erzählt, um den Menschen den Weg ins

Paradies zu weisen. Zudem sei das Lachen dem Menschen nicht angemessen, es schüttle den Körper, entstelle die Gesichtszüge und mache ihn den Affen gleich. Lachen ist also wider die Vernunft und ein Zeichen von Dummheit.

Streitgespräche wie dieses bestimmten seit der Zeit der Urchristen die theologische Diskussion: Darf ein Christ überhaupt lachen?

Wenn ja, wo darf er lachen, wie darf er lachen? Vielleicht gemäß der Regel des heiligen Benedikt, nach der Möche nicht leicht und plötzlich loslachen sollen? Denn es steht geschrieben: »Der Tor in seiner Torheit erhebt die Stimme beim Lachen.«

Vor allem aber: **Wann darf ein Christ lachen?** Zur Fasnacht etwa, die ursprünglich nur die Nacht vor Beginn der Fastenzeit war, dann auf drei Tage, schließlich auf eine ganze Woche ausgedehnt wurde. War sie anfangs nur ein Fress – und Zechgelage vor der Bußzeit, so kamen im späten Mittelalter Maskenzüge hinzu. Mit ihnen tritt auch der Narr auf, wirbelt die gewohnte Ordnung durcheinander und verspottet sie, bringt damit die Leute zum Lachen. In ihrer »Ventilfunktion« wurde die Fasnacht vom Klerus toleriert, selbst als sie sich zum satirisch verbrämten Widerstand gegen kirchliche Institutionen wandelte. Vor allem katholische Regionen sind deshalb die Hochburgen von Fasching, Fasnacht und Karneval: das Rheinland, Bayern, Tirol, Venedig. Ja sogar Rio de Janeiro.

Nach den Theologen machten sich auch die Philosophen Gedanken über das Lachen. Natürlich mit großem Ernst. Nietzsche lässt seinen Zarathustra sagen: »Vielleicht weiß ich am besten, warum der Mensch lacht! Er allein leidet so tief, dass er das Lachen erfinden musste.«[7]

Oder Immanuel Kant: »Der Mensch hat gegenüber den Widrigkeiten des Lebens drei Dinge zum Schutz: die Hoffnung, den Schlaf und das Lachen.«[8]

Und noch einmal Nietzsche: »Wenn der Mensch vor Lachen wiehert, übertrifft er alle Tiere durch seine Gemeinheit.«[9]

Oder Henri Bergson: »Komisch (und deshalb zum Lachen) ist jedes Geschehnis, das unsere Aufmerksamkeit auf das Äußere einer Person lenkt, während es sich um ihr Inneres handelt.«[10]

Oder Rudolf Steiner: »Und weil alles, was im astralischen Leibe geschieht, sich im physischen Leibe ausdrückt, drückt sich auch dieses Zurückziehen des astralischen Leibes im physischen Leibe aus, und der Ausdruck der Erweiterung des astralischen Leibes im physischen Leibe ist das Lachen oder das Lächeln, so dass mit jedem Lachen oder Lächeln, das aus keiner anderen Stimmung als aus der geschilderten hervorgehen kann, verbunden ist ein elastisches Ausdehnen des astralischen Leibes.«[11]

Ja, wenn das so ist!

Wesentlich einfacher und ohne Wortnebel geht es in der Stube von Meister Geppetto zu. Geppetto ist der Schnitzer, der aus einem Stück Holz ein kleines Kasperle schnitzt und feilt. Der kleine Kerl wird bald Pinocchio heißen und ein ziemlich aufregendes Leben führen. Wir schleichen uns in Geppettos Stube:

»Alle Mühe, die Nase kurz und stumpf zu schneiden, war vergebens; je mehr der arme Geppetto schnitzte, desto schneller wuchs sie. Er musste sie schließlich lassen, wie sie wachsen wollte.

Geduldig fuhr er fort zu arbeiten und bildete den Mund. – Kaum war dieser fertig, begann er auch schon zu lachen und Grimassen zu schneiden.

›**Lass das dumme Lachen!**‹, sagte Geppetto gereizt; aber alles Reden nützte nichts.

›Hör auf zu lachen, ich sage es dir zum letzten Mal!‹ Sieh da! Der Mund lachte nicht mehr, aber dafür streckte er die Zunge heraus.«[12]

»Rito ergo sum« – ich lache, also bin ich –, steht auf dem Plakat des Teatro Piggionaia. Für keinen gilt das mehr als für den kleinen

Pinocchio. Kaum lacht er, lebt er. Kaum lacht er, wird er zu einem eigenständigen Wesen. **Streckt die Zunge heraus,** springt seinem Meister von der Werkbank, rennt davon, läuft hinaus in die Welt.

Xokonoschtletl hat mir erzählt, dass bei seinen Brüdern das erste richtige Lachen eines kleinen Kindes mit einem Fest und einer Zeremonie gefeiert wird. Erst dann bekommt es seinen Namen.

Zeigt sich also im Lachen die Seele eines Menschen? Viele Dichter sind davon überzeugt. Wie man seine Seele dem Teufel verkaufen kann, so kann man auch sein Lachen verkaufen. Und eins ist wie das andere. Timm Thaler ist so ein Fall. Aufgeschrieben hat seine Geschichte James Krüss:

»Ein Herr in Timms Nähe, der das drollige Lachen gehört hatte, drehte mit einem Ruck den Kopf und betrachtete den Jungen aufmerksam. Er strich sich nachdenklich das lange Kinn und ging dann kurz entschlossen auf den Jungen zu, aber so, dass er haarscharf an Timm vorübereilte und ihm dabei auf den Fuß trat.«[13]

Eine folgenschwere Begegnung für den Jungen, denn der Mann mit dem langen Kinn wird ihm einen Teufelspakt anbieten, der Tim seine Seele kostet: Tausche dein Lachen gegen allen Reichtum! Und Tim geht auf den Handel ein. Erst als er sich mit einem Trick sein Lachen zurückholt, wird er wieder Timm Thaler und Puppenspieler: »So hatte er Timm schon einmal gesehen, in genau der gleichen Beleuchtung. In einem Gasthaus, das nur wenige Schritte von ihnen entfernt war: beim Marionettenspiel. Timm lachte und weinte in einem. Er ließ sich durchschütteln; er ließ die Tränen rinnen und die Wangen feucht werden. Ihm war, als durchlitt er seine zweite Geburt.«[14]

Noch einem, der sein Lachen verkauft, begegnen wir in einer Kurzgeschichte von Heinrich Böll. Sie heißt, wie ihr Held, »Der Lacher«.

»Ich lebe tatsächlich von meinem Lachen, und ich lebe gut, denn mein Lachen ist – kommerziell ausgedrückt – gefragt. Ich bin ein guter, bin ein gelernter Lacher, kein anderer lacht so wie ich, keiner beherrscht so die Nuancen meiner Kunst. Ich bin weder Clown noch Komiker, ich erheitere die Menschen nicht, sondern stelle Heiterkeit dar: Ich lache wie ein römischer Imperator oder wie ein sensibler Abiturient, das Lachen des 17. Jahrhunderts ist mir so geläufig wie das des 19., und wenn es sein muss, lache ich alle Jahrhunderte, alle Gesellschaftsklassen durch. Und gegen ein entsprechendes Honorar lasse ich es erklingen, so wie die Regie es vorschreibt.«[15]

Der Lacher lacht also auf Schallplatte, im Hörspiel, im Film. Er ist Vorlacher bei Komikerauftritten und rettet mit seinem ansteckenden Lachen sogar die schlechtesten Pointen. Darüber verliert er seine Seele: »Mit unbewegter Miene gehe ich durch mein eigenes Leben, erlaube mir nur hin und wieder ein sanftes Lächeln, und ich denke oft darüber nach, ob ich wohl je gelacht habe. Ich glaube: nein. **So lache ich auf vielfältige Weise, aber mein eigenes Lachen kenne ich nicht.**«[16]

Fünfzehn Jahre später wird Bölls Geschichte, geschrieben 1955, Wirklichkeit. Der Mann ist Finanzbeamter in Nürnberg, sein Lachen hat er an einen kuriosen Erfinder namens Walter Thiele verkauft. Und das kam so: Thiele sollte einen künstlichen Papagei bauen, der Werbesprüche krächzen kann: »Heute bleibt die Küche kalt, wir gehen in den Wienerwald.« Der Auftrag kam vom Hendlkönig Jahn. Thiele konstruierte ein Minigrammophon und nähte es in den Bauch des Stoffvogels ein. Doch dann verwarf Jahn das Werbekonzept. Um seinen Vogel zu retten, ging Thiele samt Papagei auf die Brüsseler Erfindermesse. Aber auch die Belgier konnten seinem sprechenden Vogel nichts abgewinnen. Verärgert riss Thiele das Minigrammophon aus dem Papageienbauch, steckte es in eine alte Socke, schnürte sie zu, schrieb mit einem Filzstift **»Lachsack«** darauf. Und plötzlich standen die Menschen in Trauben um seinen Stand.

Nach seiner Rückkehr nach München tüftelte Thiele an seinem Lachsack weiter. Er lud über hundert Menschen zu Lachaufnahmen in seine Wohnung und fand in dem Steuerbeamten den idealen Lacher. Zehn Pfennig pro verkauftem Lachsack bot Thiele ihm an, alternativ tausend Mark sofort und in bar. »Lieber den Spatz in der Hand als die Taube auf dem Dach«, dachte sich der Mann aus Nürnberg und entschied sich fürs Bare. Eine kurzsichtige Entscheidung, wie sich bald zeigte. Sein schepperndes Lachen, im Lachsack verpackt, verkaufte sich weit über hundert Millionen Mal in über hundert Ländern. »Pechwunsch« statt »Glückwunsch«, sagte Doktor Tröööt von den Klinikclowns, als ich ihm diese Geschichte erzählte.

»Pechwunsch« kann sich auch Harvey Ball sagen. Für die State Mutual Life Assurance Company, eine Versicherungsgesellschaft in Massachusetts, sollte der Grafiker ein freundliches Logo erfinden. Er zeichnete **Smiley,** das gelbe Grinsgesicht. Honorar für den Entwurf: 45 Dollar. Sowohl Ball als auch die Versicherung versäumten es, *Smiley* als Warenzeichen schützen zu lassen. Das tat neun Jahre später Franklin Loufrani, ein französischer Geschäftsmann, der behauptete, er habe unabhängig von Ball ein ähnliches Lachlogo entworfen. Den wahren Urheber lässt Loufrani leer ausgehen: »Wir besitzen, wir promoten, wir vermarkten.« Und das sehr erfolgreich. Auf Krawatten, T-Shirts, Uhrenarmbändern und Kinderbettwäsche gibt es angeblich so viele gelbe Lachgesichter, wie Indien Einwohner hat: über eine Milliarde.

Der Erfolg des Lachlogos beflügelte die Kreativen in den Werbeagenturen und die Produktentwickler in der Industrie. Nur vier von zahlreichen Beispielen: Der Süßigkeiten-Hersteller Storck bringt 1999 **Lachgummis** auf den Markt. Das sind Weingummibonbons, die als Puzzleteile zum Lachgesicht werden.

Oder: »Smile« steht groß auf einem Verkehrsschild, mitten auf der Straße aufgestellt, mitten in der Nacht fotografiert, in der Mitte doppelseitiger Zeitungsanzeigen. Sie werben für *die Autostadt*, das gigantische Schaufenster von Volkswagen in Wolfsburg. Wer sich's anschauen will: Zeitungen durchblättern oder www.autostadt.de aufrufen.

Und wenn Sie schon am Computer sitzen, tippen Sie doch www.paybox.de ein. Es meldet sich ein Funkwellen aussendendes Lachgesicht, das Logo einer Firma für Finanzabwicklungen über Mobiltelefon.

Ist Ihr PC auch noch von Apple, so begrüßt er sie beim Start des Betriebssystems sogar mit einem Smiley-Profil. Als ob der Mikrochip sagen wollte: »Hey, schön, das wir beide heute miteinander arbeiten oder spielen oder surfen. Ich wünsche dir jedenfalls viel Spaß!«

Jan Thygesen Poulsen, Werbeexperte und Lachguru in Kopenhagen: »Ein lachendes Gesicht fördert die Interaktion und Kommunikation. Es bedeutet: Hier ist Geborgenheit, hier bist du unter deinesgleichen. Ein archaisches Muster, das schon dem Frühmenschen Gefahrlosigkeit und die Zugehörigkeit zu seiner Horde signalisierte.«

Dass lachende Gesichter positive Emotionen weitergeben und sozial verbindende Wirkung haben, gehört zu den Binsenweisheiten der Verhaltensforschung. Lachende Gesichter kommen an, rund um den Globus. Wie anders wären der Erfolg von Teddybär und Mickymaus zu erklären? In den Auslagen der Uhrengeschäfte stellt man die Uhrzeiger immer auf zehn Minuten nach zehn oder zehn vor zwei. **»Die Uhr macht dann ein freundliches Gesicht«,** haben Marketing-Experten herausgefunden, und »die Käufer greifen spontaner zu«. In der Werbung werden Uhren ausschließlich mit dieser Zeigerstellung abgebildet. Psychotests zeigten, dass Uhren dann »besonders sympathisch« auf den Käufer wirken, während die gleichen Modelle mit der Zeigerstellung zwanzig nach acht deutlich weniger ansprechen.

Den Grundstein für die Gelotologie, wie die naturwissenschaftliche Lachforschung akademisch heißt, legte Ende der siebziger Jahre der

Journalist Norman Cousins. Cousins war an Spondylarthritis erkrankt, einer degenerativen Knochenkrankheit, die mit starken Schmerzen einhergeht. Seine Überlebenschancen standen eins zu fünfhundert. Aus wissenschaftlichen Zeitschriften hatte er über den unheilvollen Einfluss negativer Gedanken auf das innersekretorische System erfahren. »Umgekehrt müsste ein konsequent hervorgerufener, permanent positiver Gefühlszustand den gegenteiligen Effekt haben«, lautete Cousins' Überlegung, die zu seiner eigenen Therapie führte. Er ließ sich ständig Slapstick-Filme zeigen oder aus Witzbüchern vorlesen. Cousins erlebte sehr bald, wie seine Schmerzen nachließen, nach zehnminütigem Lachen konnte er eine Stunde lang schlafen. Zur großen Überraschung der behandelnden Ärzte ging mit der Schmerzlinderung eine allmähliche Genesung einher, die durch regelmäßige Laborbefunde bestätigt wurde. Seine Erfahrungen schrieb Cousins in einem Buch nieder. *Der Arzt in uns selbst* gab den Startschuss für die biologische, medizinische und neurologische Erforschung des Lachens.

In den Zeiten davor tappte man, was die Funktionsweise des Lachens betraf, ziemlich im Dunkeln. Der englische Philosoph Thomas Hobbes hielt das Lachen für einen Ausdruck persönlichen Triumphs, der aus der plötzlichen Erkenntnis unserer Eigentümlichkeit und unserer besonderen Bedeutung als Menschen entstehe. Sigmund Freud sah die Wurzeln des Lachens und die Ursache des Vergnügens im Erspüren eines Gefühls. Doch als Vordenker der modernen Psychologie brachte er **die Analyse des Lachens** richtig in Gang.

In den Jahrzehnten nach Freud wurden Ambivalenz- und Überraschungstheorien entwickelt, denen zufolge Lachen durch eine plötzlich eintretende, unerwartete und widersprüchliche Konstellation von Situationen oder Ideen, die wir dann als lustig empfinden, hervorgerufen wird. Das ist schon sehr modern gedacht, und die Neurologie forscht derzeit in diese Richtung. Jahrhundertelang war jedoch unklar, wo denn überhaupt das Lachen sitzt, welches Organ man ihm zuordnen kann. Da man nichts über die Funktion der Milz wusste, hielt man sie während des ganzen Mittelalters und auch noch in der Renaissance für das zuständige Organ beim Lachen. Der Grund ist plausibel: Die Milz liegt dem Zwerchfell am nächsten.

Milz heißt im im Englischen **spleen,** ein Wort, mit dem auch die kuriose Eigenart eines Menschen bezeichnet wird, über die wir lachen. Erst die moderne Neurologie spürte dem Lachen im Gehirn nach und machte die zuständige Region in der frontalen Hirnrinde fest. Ende der neunziger Jahre konnten Neurologen den Lachbereich dann noch genauer eingrenzen. Er liegt im Großhirn am linken vorderen Stirnlappen in unmittelbarer Nachbarschaft zum Sprachzentrum, etwa drei Zentimeter hinter den Augen und von da aus einen Zentimeter nach oben. Wird diese gut fingernagelgroße Stelle mit kurzen Stromimpulsen gereizt, beginnt man sofort grundlos schallend zu lachen. Mit der Stärke der Stromstöße wird auch das Lachen intensiver. Was aber genau im Gehirn passiert, ist noch nicht geklärt. Die derzeit plausibelste Theorie geht von einer Art Kollison erwarteter und tatsächlich erfolgender Sinneseindrücke aus. Diese erzeugen Neurotransmitter, deren Spannung untereinander beim Lachen abgebaut wird. Um zu verstehen, wie es funktionieren könnte, erinnern wir uns an den Witz vom Neger und seinem Frosch: Ein Neger mit einem Frosch auf der Schulter kommt in seine Stammkneipe ... Diese Aussage widerspricht unserer Erwartung, denn in der Regel haben Schwarze kein Tier auf der Schulter, wenn sie ausgehen. Und dann auch noch ein Frosch!

Kommt also ein Neger mit einem Frosch auf der Schulter in seine Stammkneipe. Fragt der Wirt: »Woher hast du denn den?«

In diesem Moment denkt unser Gehirn bereits einen Satz voraus und legt sich eine plausible Antwort zurecht, zum Beispiel: »Der Frosch ist in meiner Heimat das Totemtier meines Clans, deshalb trage ich ihn bei mir.« Würde er so antworten, gäbe es nichts zu lachen. Doch stattdessen kollidiert unsere Erwartung mit dem Erzählten. Und die Lösung weiß auch noch völlig unerwartet der Frosch: »Aus dem Senegal.«

Natürlich lacht hier niemand mehr über diesen Witz. Wir kennen ihn schon, unser Gehirn kommt deshalb nicht in die Situation, den Konflikt aus Erwartung und tatsächlichem Sinneseindruck auflösen zu müssen. Immanuel Kant hatte vor gut 200 Jahren schon eine vage Ahnung von diesem Zusammenhang: »Das Lachen ist ein Affekt aus der plötzlichen Verwandlung einer gespannten Erwartung in nichts.«[17] Wie immer unser Gehirn damit umgeht – ganz Genaues weiß die Forschung auch heute noch nicht. Nur so viel:

Alle Witze, alle lustigen Situationen im Kino oder in der Komödie, alles, was uns im täglichen Leben zum Lachen bringt, funktioniert grob nach diesem Schema. Thomas, der auf dem Grillfest über den Gartenschlauch stolpert und dabei sein Bier in die Wiese verschüttet, Margit, der der Kartoffelsalat von der Gabel in den Ausschnitt rutscht ... Wo dagegen nicht gestolpert und nichts verschüttet wird, gibt es auch nichts zu lachen.

Mit einem kleinen Experiment kann man selbst ausprobieren, wie das mit der Überraschung funktioniert. Wir schreiben einen Doppelpunkt, einen Gedankenstrich und eine geschlossene Klammer. Das sieht dann so :−) aus.

Was gibt es da zu lachen? Nichts. Drehen Sie aber das Buch wie ein Lenkrad um neunzig Grad nach rechts, sehen Sie zwei Augen, eine Nase und einen Mund, der Sie anlacht. Wahrscheinlich schmunzeln Sie zurück.

Oder nehmen Sie eine Geschichte, die jeder jeden Tag an seinem Arbeitsplatz erleben kann: »Drei Tage war Herr Müller krank, doch heute morgen hat er sich eine Zigarette angezündet und ist wieder zur Arbeit gegangen.« Völlig lapidar, daran ist nun wirklich nichts zu lachen.

Wilhelm Busch hat die Geschichte um ein kleines Detail verändert, indem er aus dem kranken Herrn Müller einen Frosch gemacht hat. Und schon nimmt die Sache eine völlig überraschende Wendung und wird lustig:

Drei Tage war der Frosch sehr krank,
jetzt raucht er wieder,
Gott sei Dank.

Tiere eignen sich für Komik-Konstellationen besonders gut. Jeder hat eine bestimmte Vorstellung von einem Tier. Wir wissen, dass Mäuse wegen ihrer geringen Größe nicht viel Lärm machen können. Nur weil wir das wissen, verstehen wir folgenden Kinderwitz und können darüber lachen: »Rennen eine Maus und ein Elefant über eine Holzbrücke. Schreit die Maus zum Elefanten hoch: ›He, Elefant, hör nur, wie das donnert, wenn wir beide über die Holzbrücke rennen!‹« Würde man die Maus im Witz gegen einen zweiten Elefanten vertauschen, würde uns das Poltern und Scheppern nicht sonderlich überraschen. Und unser Gehirn hätte keinen Informationskonflikt zu verarbeiten, also keine Voraussetzung fürs Lachen.

Nach diesem Muster funktioniert das Lachen auch im visuellen Bereich, auf der Bühne, im Film, in der Manege. »Die Komik liegt darin, das Naheliegende *nicht* zu tun, sondern etwas Unerwartetes zu machen«, erklärt der Schweizer Clown Dimitri, »indem ich beispielsweise das Klavier mühsam zum Klavierstuhl schiebe. Der Mechanismus, der das Hahaha auslöst, hängt bei jeder Art von Humor – ob ordinär, volkstümlich, einfach obszön oder raffiniert – von denselben Faktoren ab: Ich lache, wenn etwas übertrieben dargestellt wird, unerwartet auftritt oder auf unbeholfene Art gemacht wird. Der Widerspruch ist dabei sicher ein wichtiges Element.«

Da ist der Clown, der vor aller Augen einen riesengroßen Koffer anschleppt und eine winzige Geige hervorholt. Da ist Kojote, der auf dem Bauch liegt, um wie eine Schlange zu kriechen. Da ist Frau Professor Doktor Doktor Mehlwurm, die mit dem Maßband Fieber mißt.

Das überzeugendste Indiz für einen Zusammenhang zwischen Überraschung und Lachen ist das Kitzeln. Nahezu orgiastisches Lachen begleitet intensives Gekitzeltwerden, wenn es an den richtigen Stellen erfolgt: unter den Achseln, an den Hüften, den Rippen, den Fußsohlen. Doch was ist, wenn wir uns an diesen Stellen selbst kitzeln? Es funktioniert nicht! Vom Gehirn gesteuert greifen Hand und Finger in kitzelnder Absicht an eben jene sensiblen Stellen, doch weil wir es selbst sind, die da kitzeln, kommt der Reiz nicht überraschend. Damit wissen wir ausreichend lange vor jeder Berührung: **»Hier wird jetzt gleich gekitzelt.«** Und schon ist das Lachen weg.

Ich möchte Ihnen noch einen Witz erzählen: »Kommt ein Neger mit einem Frosch auf der Schulter in seine Stammkneipe. Fragt ihn der Wirt ...«

»Halt, halt, halt«, sagen Sie jetzt sicher und winken ab: »Den kenne ich schon.« Damit wird jeder Witz und jedes Lachen getötet. Obwohl der Witz gut ist (nehmen wir mal an) und Sie lachen konnten (auch das nehmen wir an), geht bei der Wiederholung die Überraschung verloren, und man lacht nicht. Karl Valentin hat diesen Zustand verkalauert: »Wenn es mir langweilig ist, erzähle ich mir selbst Witze. Über die, die ich noch nicht kenne, kann ich am meisten lachen.«

Oft lachen wir aber auch über Wiederholungen. Wiederholungen gehören zum klassichen Repertoire jedes Komödianten und jedes Clowns. Dimitri erklärt es uns: »Wenn ich immer wieder an einer bestimmten Stelle vorbeigehe und dort immer über denselben Stein stolpere, erzeugt einerseits die Wiederholung ein Lachen, andererseits aber auch mein Unvermögen, etwas zu begreifen, nämlich, dass ich einfach einen

Schritt darüber tun müsste, um nicht mehr zu stolpern. Nun könnte es aber auch komisch wirken, wenn der Stein nicht mehr da liegt und ich dennoch stolpere, weil ich mich bereits an das Stolpern gewöhnt habe. Auch hier taucht das Unlogische wieder auf: Warum stolpere ich noch, wenn der Stein des Anstoßes doch weggeräumt ist?«

Einer der berühmtesten »Steine des Anstoßes« ist ein Tiger, genauer: das Fell und der präparierte Kopf eines Tigers, der vor dem Kamin in Miss Sophies Salon liegt. Wir sprechen vom Wiederholungsklassiker *Dinner for One*, in dem eine grauhaarige Dame, seit über einem Vierteljahrhundert Jahr für Jahr ihren 90. Geburtstag feiert. Eine Art Runninggag silvesterlicher Fernsehunterhaltung und als solcher selbst nur so mit Runninggags gespickt. Einer der witzigsten: Butler James stolpert beim Servieren insgesamt elf Mal über den ausgestopften Kopf des Teppichtigers. Doch je dramatischer sich der Alkohol seiner bemächtigt – er muss die Wein-, Champagner- und Sherrygläser der nur in Miss Sophies Phantasie anwesenden Gäste Sir Toby, Admiral von Schneider, Mister Pommeroy und Mister Winterbottom leeren –, um so virtuoser wird sein »Um-Gang« mit dem Tiger. Mit Grandezza stolpert, springt und torkelt der Lieblingsbutler des deutschen Jahreswechsels um und über den Tigerkopf. **Die Lacher im Publikum** und daheim an den Bildschirmen sind ihm sicher.

Aber warum das? Haben wir nicht eben festgestellt, dass nur zum Lachen führt, was überrascht? Doch genau im wiederholten Stolpern über den Tigerteppich ist eine ganz besondere Überraschung versteckt: Es überrascht, dass ein Mensch sich die simpelsten Dinge nicht merken kann und regelmäßig in die gleiche Falle tappt. Der Narr auf der Bühne, der sich immer wieder dort hinsetzt, wo einmal ein Stuhl stand. Der dumme August, der zum x-ten Mal seinen heruntergefallenen Hut aufheben will, ihn dabei aber immer wieder tollpatschig mit seinen kleinen Füßen in den großen Schuhen wegkickt.

Ich erinnere mich an ein naives Spiel, das ich als Kind mit meiner Oma getrieben habe. »Oma, kennst du den Witz von ›schade‹?« – »Den Witz von ›schade‹? Nein, den kenne ich nicht.« – »Ach Oma, das ist aber schade!«

Fünf Minuten später kam ich wieder an: »Oma, kennst du den Witz von ›schade‹?« Und prompt fiel sie wieder darauf herein oder tat zumindest so, um mir Grund zum Lachen zu geben. So ging das einen ganzen Nachmittag, und auch beim nächsten Oma-Besuch wurde wieder nach dem Witz von ›schade‹ gefragt. Ich konnte mich vor Lachen nicht einkriegen, vor allem über die beschämende Dummheit meiner Oma (das war die Überraschung, die mich zum Lachen brachte), die nicht lernen konnte, was doch jedes kleine Kind weiß: Wie man auf die Frage »Kennst du den Witz von ›schade‹?« nicht antwortet. Erst als Erwachsener erkannte ich, dass ich damals der Dumme war. Und erst als Erwachsener erkannte ich auch die Größe jener Haltung, die es dem Narren erlaubt, sich dumm zu stellen, damit andere über ihn lachen können.

Schenke den Menschen ein Lachen – das ist der Grund, weshalb wir Clowns, Komödianten und dem Bruder Kojote ihre ganz eigene Art von Weisheit zusprechen.

Kharma Koma

Wie Sandeep Motorrad fuhr, dabei von der Maschine und anschließend ins Koma fiel. Und wie Buddha nicht mehr aufhören konnte zu lachen. Was dazu führte, dass in einem Jumbo-Jet ein Samenkorn aufging und Blätter trieb, die dann durch die Kabinendecke des Flugzeugs hinaus in den Himmel wuchsen.

Bombay erlebt in dieser Nacht eine sehr gute Nacht. Der Wind vom Meer hat die Wolken vom Himmel geblasen und die gelbbraune Glocke über der Stadt mitgenommen. Die Sterne funkeln, dort drüben das Bild des Südlichen Fischs und des Wassermanns, und, entlang des Himmelsäquators, Schlange und Schlangenträger. Und so blicken viele Inder hinauf zu den Sternen, steigen mit ihren Gedanken empor und wollen von ihnen wissen, was sie wohl bringen werden. Denn es ist eine besondere Nacht, eine Nacht, in der man gern in die Zukunft fabuliert, die letzte Nacht eines zu Ende gehenden Jahres. Und während viele Menschen noch vage Gedanken und Wünsche in die laue Luft der tropischen Nacht schicken, erlebt einer von ihnen bereits, was die Sterne für ihn an Gutem oder Schlechtem parat haben. Im Westen würde man sagen, dass dieser 31. Dezember 1996 für Sandeep Shah zum Schicksalstag wird.

Mit Freunden feiert der Sechsundzwanzigjährige die Silvesternacht in den Straßen von Bombay. Ein paar der jungen Männer sind mit ihren Scootern, den Vespas Indiens, unterwegs. Sandeep hat sogar ein neues

Motorrad. Das kann er sich leisten. Weil er Computertechniker ist und sehr fleißig und gut arbeitet. Jeder seiner Freunde will mit der Maschine ein paar Runden drehen. Sandeep hat da nichts dagegen. Er sitzt hinten auf dem Sozius, wenn es losgeht: auf der breiten Küstenpromenade den Yuhu Beach hinauf, dann eine Kehre und wieder hinunter, wieder hinauf und wieder hinunter. Die Haare fliegen im Wind, es ist ein Jauchzen und eine Freude.

Doch dann passiert es plötzlich. Einer der Jungs, der bislang wohl nur Fahrräder und langsam vor sich hintuckernde Roller gesteuert hat, verliert die Kontrolle über das Motorrad, schlingert, schleudert, steigt ab. Sandeep fliegt wie ein gefesselter Vogel durch die Luft, knallt mit der Schulter auf den Asphalt, schlägt mit dem Kopf auf den Boden, bleibt reglos liegen. Und Sandeeps Clique? Die bekommt es mit der Angst zu tun. »Polizei? Tod? Verhaftung! Gefängnis!« schießt es durch ihre Köpfe, sie drehen ihre Gashebel hoch, schauen kurz zurück, verschwinden in der Nacht, verschwinden im Gewirr der Straßen Bombays. Sandeep bleibt bewegungslos liegen. Ein Betrunkener, der gestürzt ist? Der deshalb am Kopf und aus der Nase blutet? Wer weiß? Keiner kümmert sich darum. Zwei Stunden später stolpert eine Polizeipatrouille über Sandeep, rüttelt ihn, schüttelt ihn, ruft Arzt und Krankenwagen. Eine weitere Stunde später gehen in einem indisches Krankenhaus die Lampen über einem Operationstisch an.

Ein halbes Jahr später erwacht Sandeep aus dem Koma. Seine linke Körperhälfte ist gelähmt, sein rechter Arm zittert unkontrolliert, sein rechtes Bein hängt kraftlos herab. Jetzt, im Wachzustand, erkennt er, dass sein Leben zum Leben im Liegen wird. Will er sich im Bett umdrehen, muss er um Hilfe krächzen, denn Worte kommen keine mehr aus seinem Mund. Will er sprechen, röchelt es nur gequetscht aus seinem Hals.

Für Sandeep gehen lähmende Tage ins Land, langsam kriechende Wochen, Monate, Jahre. Die Verweiflung, die am Tag des Unfalls in

Sandeeps und seiner Eltern kleine Wohnung eingezogen ist, hat sich längst verabschiedet und einer bleiernen Tristesse Platz gemacht, die sich wie schwere Tücher über alle und alles legte.

»Wir konnten nicht mehr lachen«, erinnert sich Vater Shah an die Zeiten, in denen Sandeep durch die Flügel des surrenden Ventilators hindurch mit wachem Blick auf die Zimmerdecke starrte, in denen sich Mutter und Schwester abwechselnd Tränen aus den Augen wischten.

Mitten in diese Zeit der Schwere flattert eine fröhliche Botschaft in das Leben der Familie Shah. Ein Zeitungsbericht über die Lachclubs im Joggers Park und im Lokhandwala Park, über Mister Hinduja, den Lachchampion, und über Doktor Kataria, den mittlerweile zu Indiens Lachguru arrivierten Arzt. Ein paar Tage später greift Vater Shah zum Telefonhörer. »Ich erinnere mich noch genau, es war im Februar 1999, Doktor Kataria war selbst am Apparat. Ich brachte zuerst fast kein Wort heraus, ich habe ihn nur angefleht: ›**Helfen Sie uns bitte, damit wir wenigstens wieder lachen können.**‹«

Und Doktor Kataria kommt, und mit ihm kommt Hilfe. »Wenn Sandeep wieder lacht, lacht auch die ganze Familie«, erkennt er bereits beim ersten Besuch. Beim zweiten bringt er seinen besten Helfer mit, den Lachchampion Hinduja. Der setzt sich zu dem in den langen Monaten des Liegens etwas pummelig gewordenen Sandeep aufs Stahlrohrbett. Sandeep fixiert wie ein kleines Kind das Gesicht, das sich über sein Bett beugt, Hinduja ergreift Sundeeps Handgelenke, klatscht die Handflächen behutsam aneinander, lacht ihm leise flüsternd etwas vor: *Ha ha, ho ho, ha ha, ho ho.*

»Ich heiße Hinduja«, stellt sich der Lachchampion dem gelähmten jungen Mann vor. »Ich lache sehr gern und ich lache sehr viel. Manchmal lache ich sogar den ganzen Tag. Ich werde dich jetzt öfter besuchen, dann können wir zusammen lachen. Denn das wollen wir doch, zusammen lachen.« Und er nimmt wieder Sandeeps Hände, klatscht sie vorsichtig zusammen. *Ha ha, ho ho, ha ha, ho ho.* Funken der Freude flackern in Sandeeps Augen, seine Mundwinkel zucken.

Auch tags darauf zucken die Mundwinkel, und auch einen Tag später und noch einen Tag später. Und auch noch ein, zwei Wochen danach. Lachchampion Hinduja schaut immer am frühen Nachmittag bei den Shahs vorbei, da gibt es Tee und ein paar Kekse. Und dann wird gearbeitet, wenn man denn Lachen als Arbeit bezeichnen will. *Ha ha, ho ho.* Und Sandeep macht fleißig mit. *Gcha gcha, gcho gcho, gcha gcha, gcho gcho, gcha gcha, gcho gcho* presst sein Kehlkopf heraus. Laute, über die man eigentlich lachen muss. Und dann sehen sich Sandeeps Vater, die Mutter und die Schwester fast erschrocken an. Haben sie nicht eben gelacht? Haben sie! Alle zusammen, mit Sandeep. Nach fast zweieinhalb Jahren. Zum ersten Mal.

»Alle Lachpokale dieser Welt, meine eigenen eingeschlossen«, würde Hinduja für diesen einen Moment geben. Für diesen einen Moment, als nach der Verzweiflung und der Traurigkeit das Lachen auf einen ersten kurzen Besuch bei den Shas vorbeischaute. Und weil er ein **wahrer Lachmeister** ist, ließ er es nicht bei einer kleinen Freude bewenden, wo vielleicht große Fröhlichkeit möglich ist. Tag für Tag und Woche für Woche kam er in den Stadtteil Kandivli, in die kleine Wohnung der Shahs, wo sich der Ventilator dreht, wo es Tee und Kekse gibt, wo ein junger Mann langsam das Lachen lernt, lernt, mit den Händen zu klatschen, lernt, ganz langsam mit seinen gurrenden, quietschenden und pressenden Lachlauten sein Gehirn zu trainieren, in der Hoffnung, dass sich daraus irgendwann einmal zaghaft Worte, zaghaft wieder Sprache bildet.

»Sie müssen Sandeep Shah unbedingt für Ihr Buch fotografieren«, sagt Doktor Kataria zu Papu, »es ist ein Phänomen, was man alles mit Lachen bewirken kann.« Papu und ich sind ein zweites Mal nach Bombay gereist, haben ein zweites Mal den Doktor in seiner Praxis mit dem eisernen Schreibtisch aufgesucht, ihn frühmorgens in den Lokhandwala Park begleitet, sitzen ihm und dem grinsenden, auf Pappe aufgeklebten Lachmund im Regal jetzt gegenüber. Er hebt seine langen Arme, streckt sie über den Kopf, dreht die Handflächen zum Himmel und spreizt die Finger leicht, so als wollte er unsichtbares Wasser durch sie auf sich herabregnen lassen. »Es kommt nicht von mir, es kommt von da oben«, sagt er, ganz ohne Pathos. Wenn einer das Verhältnis von Regen und Wolken erklärt, würde er auch nicht viel anders sprechen. »Von da oben«, wiederholt er, nickt mit Kinn und Kopf in Richtung Decke des Praxisraums und folgt diesem Nicken mit den Augen, durch die Decke hindurch, in die Wolken, durch die Wolken hindurch in den Himmel. »Von da oben, es wurde mir geschickt. Wie ein Auftrag. **Bring den Menschen das Lachen zurück!**«

Und so schickt er uns zu Sandeep, von dem wir bisher nur gehört hatten.

»Fotografieren Sie ihn, wenn er lacht. Er kann so schön und so laut und so herzlich lachen. Und sprechen Sie mit ihm!«

»Mit ihm sprechen?«

»Natürlich, erzählen Sie ihm von Ihren Lachreisen, vom Lachfest in Japan und von diesen lustigen Theaterleuten in Italien. Er wird Sie sehr gut verstehen, sprechen Sie mit ihm, erzählen Sie ihm, wie dort gelacht wird. Was wird er darüber lachen! Lachen Sie mit ihm.«

Also los. Papu und ich, den Zettel mit Sandeeps Adresse in der Hand, machen uns auf den Weg zu den Shahs. Doch kaum haben wir eine dieser kleinen Rikschas herbeigewinkt, schießt der Lachdoktor aus der Eingangstür des Lokhandwala Complex, winkt und rudert mit den Armen, ruft: »Ich komme mit, ich komme mit!« Zu dritt quetschen wir uns auf den durchgewetzten Ledersitz der Rikscha, Kataria sagt noch: »Ich habe meinen Patienten schon über eine Woche nicht mehr gesehen« oder etwas Ähnliches, und dann hupt sich die Rikscha wie eine blökende Ziege durchs brodelnde Bombay, spuckt uns schließlich an einer breiten Straßenkreuzung aus. Kataria kennt den Weg und geht voran. Vorbei an Straßenhändlern, durch ein Gewirr kleiner Gassen, in einen Hauseingang, ein paar Treppenstufen hinauf bis vor eine Tür. Sie geht auf, Sandeeps Vater, Mutter und Schwester stehen im Türrahmen, falten die Hände vor der Brust, verneigen sich. So ist es, wenn man in Indien einen Arzt und zwei Fremde begrüßt.

Fünf Minuten später dampft vor uns milchiger Chai in bunt mit orientalischen Ornamenten bemalten Tassen, die schmächtige Schwester serviert Kekse, der Ventilator dreht an der Zimmerdecke schwer seine Runden.

Besuch aus Europa – das hat Sandeep noch nie erlebt. Ungelenk rückt er seine schwarzrandige Brille auf der Nase zurecht, ungelenk wischt er sich die halblangen schwarzen Haare aus der Stirn. Quiekt, gurrt und lacht den Gast aus fernem Land an. Der sitzt jetzt bei ihm am Bettrand, hält seine Hand und erzählt von dem fernen Land, aus dem er kommt. Wo es im Winter so kalt ist, dass Eis über die Seen und Flüsse wächst, und wo Schnee liegt, in den Bergen sogar bis zur Hüfte und oft noch höher.

Neben sich hat Sandeep eine Papptafel liegen, so groß wie ein Teetablett. Darauf sind in fetten Lettern die Buchstaben des Alphabets gemalt. Und manchmal saust Sundeeps Zeigefinger, fast schneller, als seine gelähmten Nerven ihn führen können, von Buchstabe zu Buchstabe, buchstabiert Wort für Wort: H – O – W – L – O – N – G – C – O – L – D.

»How long cold?«, übersetzt der Vater, längst ein Meister in der Interpretation von Sandeeps flinken Fuchteleien über den Karton. Währenddessen fotografiert Papu und ist erstaunt, auf wie vielfältige Weise man miteinander kommunizieren kann.

I – A – M – V – E – R – Y – H – A – P – P – Y – A – N – D – I – W – A – N – N – A – L – A – U – G – H – W – I – T – H – Y – O – U.
»Ich bin sehr glücklich und ich will mit dir lachen.« Dann stößt er ein geröcheltes, aber doch irgendwie verstehbares »*laugh*« heraus, wiederholt immer wieder: »*Laugh! Laugh!*«

Doktor Kataria staunt über seinen gar nicht mehr stummen Patienten und staunt noch mehr darüber, was Mister Hindujas Lachübungen der letzten Wochen bei dem jungen Mann bewegt und bewirkt haben. Nicht nur, weil er mit dem Wort *laugh* langsam, ganz langsam seine Sprache wiederzufinden beginnt. Sundeeps Hände rudern mal unkontrolliert, mal kontrollierter durch die Luft. Er will zeigen, was ihm Hinduja alles an Lachübungen beigebracht hat. Vor allem das Löwenlachen hat es ihm angetan: Zunge raus, Grimasse schneiden, Hände rechts und links an den Kopf, Handflächen nach vorne, Finger spreizen und los: **Häh, häh, häh, häh, häh. Und immer und immer wieder: Häh, häh, häh.** Da muss man doch mitmachen! Und mitlachen. Und so legt Papu seine Kamera zur Seite und ich meinen Notizblock und dann Finger frei und Zunge raus und möglichst dreckig: *Häh, häh, häh, häh, häh, häh!* Schließlich hat sich das kleine Zimmer unter dem großen Ventilator in einen richtigen Lachclub verwandelt. Vater Shah lacht, Mutter Shah lacht, die Schwester ist vor den Fremden etwas schüchtern, lacht aber auch, und der Doktor sowieso. Wenn das keine Therapie gegen Traurigkeit ist!

»Rührende Abschiedsszene, Sandeep kämpft gegen Tränen«, notiere ich in meinen Notizblock. Dann machen sich Doktor Kataria, Papu und ich auf den Rückweg nach Lokhandwala. Wieder quetschen sich drei Menschen auf den abgewetzten Sitz einer Rikscha, wieder saust das Gefährt gleich einer wilden Hummel durch das endlose Flechtwerk von Bombays Boulevards, verkeilt sich zwischen anderen Hummelrikschas,

Ochsenkarren und schiefhängenden Lastwagen, saust wieder weiter, durch Nebel dieselrußiger Schwaden, schwirrt in Wolken von Jasminduft.

Nach gut einer halben Stunde führt der Weg mindestens zehn Kilometer lang durch eine Gegend, von der viele Menschen im Westen sich nicht vorstellen können, dass man hier und dass man so leben kann. Mehrere hunderttausend Menschen, die die hier aufgespannten, vom Regen verwaschenen und vom Wind zerfledderten Leinenbahnen und blauen Plastikfolien als »Dach über dem Kopf« betrachten, beweisen, dass das Gegenteil möglich ist. Und darüber breitet Bombay die ganze Palette seiner Gerüche aus: Kohlefeuerschwaden mischen sich mit Jasmin, Jasmin mischt sich mit Urin, Urin mischt sich mit dem schweren Duft der Ylang-Ylang-Blüten, Ylang-Ylang mischt sich mit Kot zur süßsauren, faulig-frischen Komposition für die Nase. Wenn die Riksha zwischen all den anderen beräderten Hummeln stecken bleibt, stechen menschliche Wespen zu, strecken einem zittrige Fingerkrallen entgegen, haben zum Herzeigen hungernde, blinde oder verkrüppelte Kinder auf dem Arm, schwirren erst wieder weiter, wenn man sich mit ein paar Rupien freigekauft hat, versprechen dafür aber auch viele Gebete zu allen Göttern. Wer wissen will, wie von Lepra angefressene Handstummel und abgefressene Nasen aussehen, ist an diesem Platz genau am rechten Platz.

»Haben Sie schon **einmal Buddha lachen gehört?**« fragt mit einem Mal der Doktor.

»Nein, eigentlich nicht. Lacht er denn überhaupt? Man sieht ihn immer nur mit nach innen gerichtetem Lächeln.«

»Sie haben ihn also schon gesehen!«

»Nein, nur Bildnisse von ihm, Statuen.«

»Ach so, nur Bildnisse und Statuen.« Pause. »Dann haben Sie ihn noch nie lachen gehört?«

»Nein, noch nie!«

»Er lacht sehr laut, so laut, dass man es eigentlich überall hört.«

»Aha. Und worüber lacht Buddha?«

»Über alles. Neulich hat er über eine junge Inderin gelacht. Sie ist sehr hübsch. Sogar die Zeitungen bringen Bilder von ihr. Menschen, die behaupten, sie wüssten, was Schönheit ist, haben sie zur Miss World gewählt. Ach, was hat Buddha da gelacht!« Und dann fängt Doktor Kataria an, kräftige Hahas auszustoßen. Wie eine anfahrende Dampflokomotive: *Ha, ha, ha, ha, haha, haha, haha.* Mit allem, was seine Lunge an Luft hergibt. Lauter als das Geratter der Rikscha, das Gerumpel der Lastwagen, das trötende Hupen der Taxis.

»Hört es sich so an, wenn Buddha lacht?«, frage ich ihn.

»Nein, es ist viel, viel lauter. Wenn alle Menschen gleichzeitg lachen würden, dann wäre es nur ein Sandkorn im Vergleich zu einem Berg – so laut ist Buddhas Lachen.«

»Über was lacht er denn noch, außer über eine indische Schönheitskönigin, die Miss World wird?« wollte ich wissen.

»Über diesen Leprakranken da drüben. Schauen Sie sich doch nur seine abgefaulte Nase an. Hat einer Lepra und es fault ihm die Nase ab. Ha ha, ha ha ha. Haha haha hahhhhhaa.« Kataria schüttete sich aus vor Lachen.

»Und ein anderer hat einen Unfall. Und es werden ihm beide Beine abgefahren. Beide Beine! *Bei-de Bei-ne.* Haha, haha, ha, ha, ha, hahhhhaa.« Und er kippte **eine Lachsalve nach der anderen** aus der Rikscha in die Straßen der großen Stadt, zwischen die Millionen Menschen: Krebskranke, Leprakranke, Schönheitsköniginnen, Amputierte, Taxifahrer, Rikschalenker, Rechtsanwälte, Doktoren.

Buddha lacht eben über alles, dachte ich mir und war still und wollte auch nicht weiter fragen.

Doch die Frage war da und schlummerte wie ein Samenkorn. Aufgegangen ist es im Jumbo-Jet auf dem Rückflug von Bombay nach Deutschland. Irgendwo über dem Iran, irgendwo über dem Schwarzen Meer. Papu hatte mich noch zum Flughafen gebracht, wir haben uns herzlich umarmt, und dann ist er zwischen den wuselnden Menschen verschwunden. Er wollte noch eine Woche oder auch zwei in seiner zweiten Heimat bleiben, Freunde besuchen, Verwandte sehen.

So saß ich also ohne »meinen Fotografen« in der Maschine nach Frankfurt, und neben mir saß, in feines Tuch gekleidet, ein Mann, schätzungsweise Mitte fünfzig. Er hatte einen sehr viel weiteren Weg vor sich, der ihn bis nach Boston führte. Dort, so erzählte mir der indische Mister, leite er ein Entwicklungsteam in der Softwarebranche. Auf seine Frage hin berichtete ich ihm vom Grund meiner Indienreise. Vom Lachdoktor Kataria, vom **Lachchampion,** von Parveti Nair und von Sandeep. Und auch von der Rikschafahrt und von Buddha, der über alles lacht. Über die Schönheitsköniginnen und über den von Lepra zerfressenen Bettler. Irgendwie fiel in diesem Zusammenhang das Wort »makaber«.

»Ach, wissen Sie«, sagte da mein Software-Nachbar, »wir Inder sehen die Sache etwas anders.«

»Und wie sehen Sie die Sache?«

»Das ist den Menschen im Westen schwer zu erklären. Für meine amerikanischen Freunde verwende ich immer ein Beispiel. Es hat mit Autos zu tun. Das verstehen die Amerikaner am besten.«

»Und was für ein Beispiel ist das?«

»Nehmen Sie ein Auto, vielleicht sogar ein neues, sehr gut gepflegtes, meinetwegen auch ein sehr teures, einen Sportwagen vielleicht. Es ist mit allem Sicherheitsschnickschnack ausgerüstet. Mit ABS und Airbags. In diesem Auto kann Ihnen praktisch nichts passieren. Dieses Auto ist in meinem Beispiel Ihr Körper. Und Sie sind der Fahrer, das ist in meinem Beispiel die Seele. Haben Sie nun mit diesem Auto einen Unfall, mag zwar der Motor kaputt sein und die Karosserie völlig zerbeult, aber Sie steigen unverletzt aus. Irgendwann werden Sie sogar lachen, weil Sie diesen Unfall überlebt haben. Bald werden Sie sich ein neues Auto kaufen, und irgendwann ist das alte und auch der Unfall so gut wie vergessen. Ähnlich verhält es sich mit dem Körper und der Seele. Die steigt einfach in ein anderes Auto ein und fährt weiter. Ist das nicht zum Lachen? Vielleicht verstehen Sie jetzt, warum Buddha über die Schönheitskönigin genauso lacht wie über den Beinamputierten.«

Bei den Worten meines indischen Nachbarn schob das Samenkorn seine ersten Blätter zunächst zaghaft, dann kraftvoll durch die Kabinendecke und hinaus in den Himmel über dem Jumbo-Jet. Wäre das Flugzeug in diesem Augenblick abgestürzt, Buddha hätte wohl auch sehr gelacht. Aber es ist weitergeflogen, es ist weitergeflogen, weitergeflogen. Und Buddha hat auch darüber gelacht, sehr gelacht. **So laut gelacht wie die donnernden Düsen draußen** unter den Tragflächen. Wie alle donnernden Düsen aller Flugzeuge zusammen. Laut wie die tosende Brandung aller Meere an allen Stränden, laut wie der Torschrei aller Fußballfans der Welt, wie alle Tornados gleichzeitig, wie die tobenden Orkane auf dem Jupiter, wie das Sausen der Saturnringe und das Sausen aller Spiralnebel. Wie das donnernde Schlingen und Würgen aller Schwarzen Löcher, würden sie nur einen einzigen Laut aus sich herauslassen. Denn es war still im Kosmos. Es war Stille im Kosmos. So laut hat Buddha gelacht.

Zitatnachweis

1 Michael Titze, *Die heilende Kraft des Lachens*, München 1995, S. 38

2 Hans Kopp, in: *Ein Lachen schenken*, Broschüre der KlinikClowns e. V., Freising 1999

3 Alberto Marcia: »Die Commedia dell'Arte in den Masken der Sartori«, in: *Pupi e Maschere*, Italien 1980, S. 109

4 Umberto Eco, *Der Name der Rose*, München 1982, S. 602f.

5 Dimitri, *Humor – Gespräche über die Komik, das Lachen und den Narren*, Dornach/Schweiz 1995, S. 55

6 Aristoteles, *Poetik* (in der Übersetzung von Olof Gigon), Stuttgart 1961, S. 29

7 Friedrich Nietzsche, *Also sprach Zarathustra*, (Werke I–V, Karl-Schlechta-Ausgabe), Frankfurt 1969, Bd. II, S. 753 (294)

8 Immanuel Kant, zitiert aus: *Luzifer lacht – Philosophische Betrachtungen von Nietzsche bis Tabori*, Leipzig 1993, S. 13

9 Friedrich Nietzsche, *Sämtliche Werke* (hrsg. von Giorgio Colli und Mazzino Montinar, 15 Bde.), München 1988, Bd. 2, S. 330

10 Henri Bergson, *Das Lachen*, Zürich 1972, S. 61

11 Rudolf Steiner, *Die Ausdrucksfähigkeit des Menschen in Sprache, Lachen und Weinen,* Dornach/Schweiz 1970, S. 46

12 Carlo Collodi, *Pinocchios Abenteuer*, Würzburg 1988, S. 18

13 James Krüss, *Timm Thaler oder Das verkaufte Lachen*, Ravensburg 1987, S. 286f.

14 ebd.

15 Heinrich Böll, »Der Lacher«, in: *Erzählungen*, München 1992, S. 85f.

16 ebd.

17 Immanuel Kant, zitiert aus: *Aphorismen von A–Z* (hrsg. von Lothar Schmidt), Wiesbaden 1971

Die Deutsche Bibliothek – CIP-Einheitsaufnahme
Ein Titeldatensatz für diese Publikation ist bei der
Deutschen Bibliothek erhältlich

© 2000 Frederking & Thaler Verlag, München,
in der Verlagsgruppe Bertelsmann GmbH
www.frederking-und-thaler.de

Alle Rechte vorbehalten

Abdruckgenehmigungen für die Zitate auf folgenden Seiten
erteilten freundlicherweise:
S. 152–153 aus: »Erzählungen« von Heinrich Böll
© 1994 by Verlag Kiepenheuer & Witsch, Köln
S. 142–143 aus: Umberto Eco, »Der Name der Rose«
Aus dem Italienischen von Burkhart Kroeber
© 1982 Carl Hanser Verlag, München – Wien

Text: Heiner Uber, München
Fotos: Papu Pramod Mondhe, Hamburg
Schutzumschlagfotos: Papu Pramod Mondhe, Hamburg;
   bis auf vorne unten: Xavier Bonghi, Image Bank
Lektorat: Irene Rumler, München
Illustrationen: Anke Raum
Herstellung: Büro Caroline Sieveking, München
Bildlayout und Satz: Grafikhaus, München
Umschlaggestaltung: 2005 Werbung, Monika Neuser, München
Druck und Bindung: GGP Media, Pößneck

Printed in Germany
ISBN 3-89405-427-1

Der ganze oder teilweise Abdruck und die elektronische oder
mechanische Vervielfältigung, gleich welcher Art, sind nicht erlaubt.
Abdruckgenehmigungen in Verbindung mit der deutschsprachigen
Buchausgabe erteilt der Frederking & Thaler Verlag.